Albert Bichler
Mit Fotos von Wilfried Bahnmüller

Wallfahrten in Bayern

60 beliebte Gnadenstätten
von der Rhön bis zu den Alpen

Inhalt

Vorwort 4
Vom Sinn des Wallfahrens 5
Wallfahren – Ausdruck bayerischer Lebensart 9
Ursprung der Wallfahrten 13
Wallfahrtslandschaften in Bayern 15

Wallfahrtsorte in Franken
1. **Kreuzberg in der Rhön**: der Heilige Berg der Franken 18
2. **Maria Glosberg**: Marienfrömmigkeit im Frankenwald 20
3. **Marienweiher**: beliebtes Gnadenbild in den Wäldern Oberfrankens 22
4. **Vierzehnheiligen**: barockes Wallfahrtsheiligtum im oberen Maintal 24
5. **Mariabuchen**: Wallfahrtsidylle in den Wäldern des Spessarts 26
6. **Hessenthal**: Unsere Liebe Frau im Spessart 28
7. **Retzbach**: »Maria im grünen Tal« - älteste Wallfahrt Frankens 30
8. **Fährbrück**: fränkische Wallfahrt zu Unserer Lieben Frau 32
9. **Volkach**: »Maria im Weingarten« auf dem Kirchberg 34
10. **Dettelbach**: »Maria im Sand« inmitten von Weingärten 36
11. **Würzburg**: Käppele, das fränkische Wallfahrtskleinod 38
12. **Großheubach**: St. Michael auf dem Engelberg über dem Main 40
13. **Gößweinstein**: Wallfahrtsjuwel in der Fränkischen Schweiz 42

Wallfahrtsorte in der Oberpfalz
14. **Fahrenberg**: Heiliger Berg der Oberpfalz 44
15. **Sulzbach-Rosenberg**: Verehrung der hl. Mutter Anna 46
16. **Amberg**: Wallfahrtsfrömmigkeit auf dem Mariahilfberg 48
17. **Trautmannshofen**: Marienwallfahrt mit Kirchweih 50
18. **Habsberg**: »Maria, Heil der Kranken« auf einsamer Jurahöhe 52
19. **Neumarkt i.d. Oberpfalz**: auf altem Wallfahrerweg zum Mariahilfberg 54
20. **Waldsassen**: die Kappel – Wallfahrt zur Heiligsten Dreifaltigkeit 56
21. **Freystadt**: Mariahilf-Wallfahrt zu einem Juwel des bayerischen Barock 58
22. **Neukirchen beim Heiligen Blut**: Gnadenort an der böhmischen Grenze 60
23. **Weißenregen**: Marienwallfahrt hoch über Kötzting 62
24. **Mariaort**: Marienbild in den Fluten der Naab 64

Wallfahrtsorte in Schwaben
25. **Biberbach**: Wallfahrt zum »Hochberühmten Herrgöttle« 66
26. **Violau**: Unsere Liebe Frau in der »Veilchen-Au« 68
27. **Maria Brünnlein**: viel besuchte Wallfahrt am Tor zum Ries 70
28. **Friedberg**: Herrgottsruh, ein alter schwäbischer Gnadenort 72
29. **Inchenhofen**: Leonhardiverehrung seit dem Mittelalter 74
30. **Maria Birnbaum**: italienische Barockarchitektur in Schwaben 76
31. **Maria Vesperbild**: beliebtes Marienheiligtum in Schwaben 78

32. **Maria Steinbach**: Rokokokleinod im Allgäuer Hügelland   80
33. **Maria Rain**: »Liebe Frauenkapelle auf den Rainen« bei Nesselwang   82
34. **Maria Trost**: Gnadenort in den Allgäuer Bergen   84
35. **Speiden**: beliebte Allgäuer Mariahilf-Wallfahrt   86

Wallfahrtsorte in Niederbayern
36. **Vilsbiburg**: Maria Hilf auf dem Berg über dem Vilstal   88
37. **Haindling**: Marienwallfahrt im fruchtbaren Laabertal   90
38. **Bogenberg**: alte Marienwallfahrt hoch über dem Donautal   92
39. **Passau**: Mariahilfberg über der Dreiflüssestadt   94
40. **Sammarei**: Gnadenkapelle in der barocken Wallfahrtskirche   96

Wallfahrtsorte in Oberbayern
41. **Bergen**: tausendjährige Wallfahrt zum Heiligen Kreuz   98
42. **Bettbrunn**: älteste bayerische Salvatorwallfahrt   100
43. **Maria Beinberg**: einsame Bauernwallfahrt im Spargelland   102
44. **Scheyern**: Kreuzwallfahrt mit alter Klostertradition   104
45. **Maria Thalheim**: Kapelle beim Hollunderbaum   106
46. **Maria Dorfen**: beliebte Wallfahrt im Erdinger Land   108
47. **Altötting**: 500 Jahre Pilgerfahrt zur »Schwarzen Muttergottes«   110
48. **Maria Ramersdorf**: älteste Wallfahrt in München   112
49. **Maria Thalkirchen**: traditionsreiche Münchner Marienwallfahrt   114
50. **Maria Eich**: Oase im Wald vor den Toren Münchens   116
51. **Vilgertshofen**: Wallfahrt zur Schmerzhaften Muttergottes   118
52. **Andechs**: Heiliger Berg über dem Ammersee   120
53. **Hohenpeißenberg**: Marienwallfahrt im Herzen des Pfaffenwinkels   122
54. **Tuntenhausen**: Marienwallfahrt mit großer Tradition   124
55. **Weihenlinden**: Wallfahrt mit heilsamer Quelle   126
56. **Maria Eck**: Gnadenort mit Blick auf den Chiemsee   128
57. **Kirchwald**: idyllisch gelegene Einsiedelei unterm Heuberg   130
58. **Birkenstein**: »Schöne Kapelln« unterm Breitenstein   132
59. **Wies**: der Gegeißelte Heiland in Rokokoherrlichkeit   134
60. **Ettal**: Marienwallfahrt inmitten der Ammergauer Berge   136

Wallfahrten nach Diözesen   138
Arten der Wallfahrten   139
Glossar   140
Literaturverzeichnis   141
Impressum   144

Vorwort

*W*allfahren gehört ganz wesentlich zur christlich geprägten Kultur und Volksfrömmigkeit in Bayern. Das Ziel der Wallfahrer sind Kirchen und Kapellen in Stadt und Land, oft landschaftlich reizvoll gelegen, zu denen sie betend und singend ziehen. Dabei scheuen sie keine körperlichen Anstrengungen und sind oft mehrere Tage unterwegs. Wallfahrtsorte sind auch in unserer Zeit geistige Quellen, die Kraft, Mut und Zuversicht spenden.

Das Buch versteht sich als Einladung, besonders bekannte und beliebte Gnadenstätten in Bayern kennen zu lernen und zu besuchen, ein Unterfangen, das angesichts der Vielzahl bayerischer Wallfahrtsorte eine Auswahl erforderlich macht. Entscheidend für die Aufnahme in das Buch war das Wallfahrtsleben in der Gegenwart. Oberstes Auswahlkriterium sollte allein ihre heutige Bedeutung als Ort der Volksfrömmigkeit sein.

Lokale Andachtsstätten, die in früherer Zeit von vielen Wallfahrern besucht wurden, heute aber nur noch selten, sondern vor allem von Kunstinteressenten aufgesucht werden, mussten hier leider unbeachtet bleiben. Die kunsthistorische Bedeutung einer Wallfahrtskirche spielte eine untergeordnete Rolle. Das schloss aber nicht aus, dass bei der Beschreibung der Wallfahrtskirchen in gebotener Kürze auch auf deren künstlerische Gestaltung und Schönheit eingegangen wurde, da sie aufs Engste mit der Geschichte der Wallfahrt zusammenhängen. Für detaillierte kunsthistorische Angaben werden Interessierte auf die angeführte Literatur verwiesen. Ausdrücklich sei festgestellt: Die Nichtberücksichtigung einer Wallfahrt in diesem Buch soll keine Abwertung oder Geringschätzung darstellen, sie resultiert vielmehr aus dem natürlichen Zwang zur Beschränkung und Begrenzung der Seitenzahl.

Bei der Vielzahl der Gnadenorte waren dem Autor Hinweise und Empfehlungen der bayerischen Diözesanleitungen eine wertvolle Hilfe. So war es auch möglich, eine ausgewogene Berücksichtigung aller bayerischen Diözesen und ihrer Wallfahrtsorte zu gewährleisten.

Für die Darstellung der einzelnen Gnadenstätten wurden von den jeweiligen Wallfahrtsleitungen aktuelle Informationen über die derzeitige Situation sowie über Kontaktmöglichkeiten eingeholt.

Das Buch will seinen Platz nicht nur im Bücherschrank der Leser haben, sondern sie als zuverlässiger Führer auf den Wallfahrtswegen in Bayern begleiten und auch zum persönlichen Wallfahren anregen. Das Buch möchte mit seinen bescheidenen Möglichkeiten Verständnis und Liebe für die traditionelle Wallfahrtsfrömmigkeit in Bayern dort anzubahnen versuchen, wo sie im Zeitalter zunehmender Säkularisierung und Gleichgültigkeit verloren gegangen sind. Diese traditionelle, in Jahrhunderten gewachsene Volksfrömmigkeit ist lebendiger Ausdruck eines innigen, oft naiven Vertrauens in eine Transzendenz und stellt einen ganz wesentlichen Teil bayerischer Wesens- und Lebensart in Vergangenheit und Gegenwart dar.

Vom Sinn des Wallfahrens

Lichterprozession am Abend des Festes Mariä Himmelfahrt in der Kirche von Violau

Warum begeben sich Menschen auf eine Wallfahrt? Warum nehmen sie dabei mancherlei Strapazen auf sich? Was zieht sie hin zu einem Wallfahrtsort, oft Jahr für Jahr? Mit welchen Erfahrungen und Erwartungen kommen sie zu einem Ort der Gnade? Was ist der Sinn einer Wallfahrt? Wallfahren ist eine sehr alte Form der Volksfrömmigkeit, die geprägt ist durch sinnliche Erfahrungen und den Bereich des Verstandes übersteigt. Die Hinwendung zu einem heiligen Ort, das Aufsuchen einer Wallfahrtsstätte wird nicht nur geistig, sondern auch leiblich und in frommer Haltung vollzogen. Das Wallfahren gehört zu den stärksten Ausdrucksmitteln religiösen Lebens und entspringt einer menschlichen Ursehnsucht, der Sehnsucht, aus dem Alltagsleben herauszutreten und Abstand zu finden vom alltäglichen Umfeld, vor allem von allen belastenden Sorgen und Problemen. So schwingt in jeder Wallfahrt immer die Hoffnung mit, am heiligen Ort Hilfe in allen Nöten des Leibes und der Seele zu finden.

Andacht in der Kirche von Violau vor der Lichterprozession

Gläubige Zuversicht

Wie alle Frömmigkeitsformen entzieht sich auch das Wallfahren einer rationalen Begründung. In ihm finden elementare Bedürfnisse des Menschen ihren Ausdruck, die ihren Ursprung in der Brüchigkeit und Endlichkeit seiner Existenz haben. Für den Christen resultiert daraus eine Abhängigkeit, eine Bindung an einen Schöpfer, der unser Leben in seinen Händen hält. Und zu ihm wendet er sich in all seinen Bedrängnissen. Es sind existentielle Ängste wie Krankheit und Tod, Ausweglosigkeit und Verzweiflung, aber auch materielle Sorgen oder Unglücksfälle.

Die Ursprünge des christlichen Wallfahrens liegen im frühchristlichen Märtyrer- und Reliquienkult, in der Hinwendung zu Zeugen des christlichen Glaubens. Aus diesen Anfängen kam es zu der gläubigen Zuversicht, dass man an bestimmten Orten Gott, der himmlischen Frau und bestimmten Heiligen näher ist als in der engeren Heimat. »In den Wallfahrtsorten verbindet sich das Himmlische mit dem Irdischen, gewinnt das Geistliche und Geistige einen realen Anhalt. Vertrauen und Gebet, Sorge um Leib und Leben, in Verlassenheit und Bedrängnis – in allem, wo der Mensch seiner Hinfälligkeit gewahr wird und des himmlischen Schutzes ... bedarf, wendet er sich gerne besonderen, ausgezeichneten Stätten und Bildern zu. Gnadenort und Gnadenbild sind meist miteinander vereint. Oft mag die Stätte selbst, oft aber vor allem das Bild die stärkere Anziehungskraft haben.« (J. Dünninger, 1960, S. 8 f.).

Trost in allen Lebenslagen

Menschen in körperlichen und seelischen Nöten, in Situationen der Verzweiflung und Hoffnungslosigkeit finden in Wallfahrten auch in unseren Tagen Trost und Hilfe, die menschliche Möglichkeiten übersteigt. Es liegt auf der Hand, dass derartige Gedanken nur nachvollziehen kann, wer selbst in großer Bedrängnis war und ein Gelöbnis machte. Eintragungen in Wallfahrtsbüchern, zahllose Votivbilder, Votivkerzen und andere Opfergaben, die auch in unseren Tagen zu Wallfahrtskirchen gebracht werden, legen dafür ein eindrucksvolles Zeugnis ab. Sie sind Belege menschlicher Hilflosigkeit und Dankbarkeit.

Der Weg ist das Ziel

Wer sich zu Fuß auf eine Wallfahrt begibt, scheut keine Strapazen, nimmt weite Wege ebenso in Kauf wie die Unbilden der Witterung. Diese Gesinnung veranlasste im Mittelalter die Jakobspilger, sich gefährlichsten Abenteuern auf ihrem Weg quer durch Europa nach Santiago de Compostela im Norden Spaniens auszusetzen. Eine ähnliche Haltung spricht auch aus einer Aufzeichnung über eine Wallfahrt, die der fromme bayerische Herzog Wilhelm V. nach Tuntenhausen machte: »Es hat dieser tapfere Held sich auf den Weg gemacht, angethan mit einem schlechten Kleid, auff dass er unter Weg nicht erkannt wurde. Sein Pferd hat er dem Priester, so ihn begleitet, überlassen und einen so weiten Weg zu Fuß hinter sich gelegt mit keinem anderen Wöhr und Waffen, als mit einem schlechten Steckerlein, welchen ihm seine große Demuth in die Hand gegeben.« (Gierl, 1960, S. 21). Der Sinn einer Wallfahrt ist nicht nur im Blick auf das Ziel – die Ankunft am Gnadenort – zu sehen, sondern vor allem auch im Weg dorthin. Dieser ist mehr als nur eine mehr oder weniger lange Strecke, die zurückzulegen ist, ein Fußmarsch auf festgelegten, traditionellen Routen. Das Unterwegssein ist ein Symbol unseres menschlichen Seins.

Linke Seite, oben: Kerzenwallfahrt zum Bogenberg, 2. v. o.: Kloster Andechs: Gnadenort in Altbayern, 3. v. o.: Altötting: Wallfahrtsgottesdienst in der Basilika St. Anna, unten: Wallfahrer bringen Votivkerzen zur Fatimagrotte in Maria Vesperbild.

Unten: Kloster Ettal bei Oberammergau

Buße und Sühne

In welcher Bußhaltung man früher Wallfahrten machte, erfahren wir aus Aufzeichnungen in Mirakelbüchern. Seit dem 8. Jahrhundert sind Strafwallfahrten zu weit entfernten Orten bekannt. Sie wurden als Sühne für schwere Vergehen und Verbrechen verhängt. Deshalb nahmen die Wallfahrer auch besondere Erschwernisse auf sich: Sie gingen in Armut und bettelten, waren oft gebunden in Fesseln und Ketten, ertrugen Fasten und Schlafentzug oder das Schleppen von Steinen. Man versprach, Wallfahrten barfüßig und sogar nackt zu machen. Als Bußverschärfung wurde auch das Schleppen schwerer Holzkreuze und das Knierutschen angesehen, Frömmigkeitsformen, wie wir sie auch heute noch an Wallfahrtsorten beobachten können. Ein noch gepflegter Pilgerbrauch ist das Knierutschen. In dieser Haltung werden entweder der Altar oder die Kirche mehrmals umrundet oder das letzte Stück des Wallfahrtsweges zurückgelegt. Auf diesen Brauch wird immer wieder in Mirakelbüchern hingewiesen, um die Ernsthaftigkeit der Wallfahrt zu betonen. Eine besondere Erschwernis ist das Knierutschen beim Ersteigen einer Wallfahrtstreppe, z.B. in Passau die Stiege, die von der Altstadt zur Wallfahrtskirche Maria Hilf hinaufführt.

Vom Sinn des Wallfahrens

Wallfahren – ein Gemeinschaftserlebnis

Eine Wallfahrt wird meist in Gemeinschaft mit Gleichgesinnten unternommen. Das gemeinsame Ertragen von Strapazen, Erschwernissen und Wettereinflüssen gibt dem Einzelnen Kraft, Sicherheit und Geborgenheit. Dieses soziale Motiv ist ein wesentlicher Bestandteil jeder Wallfahrt. Das gemeinsame Gehen zu einem Gnadenort, das gemeinsame Beten und Singen auf dem Weg, die gemeinsame Feier des Gottesdienstes, all das verbindet und hilft über manche persönliche Sorge hinweg. Kraft spenden daneben auch das gesellige Beisammensein, das gemeinsame Plaudern, Essen und Trinken. In diesem Bedürfnis haben die Gaststätten und diversen Verkaufsstände rund um die Kirche ihren Ursprung, denn: Wer eine Wallfahrt macht, bedarf der Stärkung. Und auch das ist alter Brauch: Wer angekommen ist an seinem Wallfahrtsziel, will den Daheimgebliebenen einen Nachweis erbringen in Form eines Andenkens, einer Erinnerung an den Wallfahrtsort. Dass das Angebot der Wallfahrtsläden nicht immer sehr geschmackvoll, sondern eher kitschig ist, sei hier wohlwollend übersehen. »Prozession und Gottesdienst, weltliche Feier und Jahrmarkt« (Dünninger, E., 1988, S. 25) bilden eben eine Einheit, die eine Wallfahrt zu einem Erlebnis werden lässt.

In der Zeit unserer Großeltern hatte eine Wallfahrt darüber hinaus noch eine andere Funktion, war sie doch in vielen Fällen die einzige Gelegenheit, einmal aus dem Dorf herauszukommen. Das war sicherlich auch ein Grund dafür, warum sich das Wallfahren früher bei der Jugend besonderer Beliebtheit erfreute. Man konnte Kontakte knüpfen, mit anderen reden und auch eine Bekanntschaft fürs Leben machen. Manche Ehe nahm ihren Anfang bei einer Wallfahrt.

> **Wir ziehen zur Mutter der Gnade**
> 1. Wir ziehen zur Mutter der Gnade, zu ihrem hochheiligen Bild.
>   O lenke der Wanderer Pfade und segne, Maria, uns mild,
>   damit wir das Herz dir erfreuen, uns selber im Geiste erneuen!
> 2. Wo immer auf Wegen und Stegen auch wandelt der Pilgernden Fuß,
>   da rufen wir allen entgegen: »Maria, Maria!« zum Gruß. Und höret ihr
>   unsere Grüße, dann preiset Maria, die Süße! Wir ziehen zur Mutter der
>   Gnade, zu ihrem hochheiligen Bild!
> 3. Mit Sünden und Kummer beladen, mit gläubig vertrauendem Sinn,
>   so flehn wir beim Bilde der Gnaden und wenden die Herzen dahin.
>   O führe, Maria, die Blinden, damit sie den Himmelsweg finden!

Wallfahren – Ausdruck bayerischer Lebensart

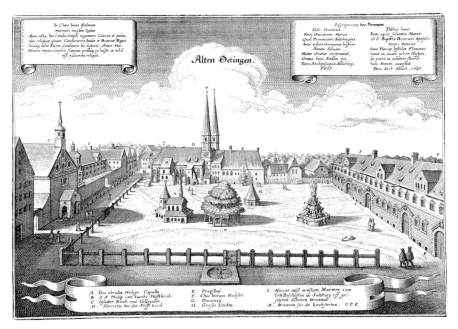

Altötting: Stich von Merian um 1650

Linke Seite:
Oben: Wallfahren in Tracht vor der Heiligen Kapelle in Altötting,
Mitte: Altötting: Feierlicher Gottesdienst mit dem Gnadenbild aus der Heiligen Kapelle,
Unten: Lichterprozession auf dem Kapellplatz in Altötting

An den Anfang seiner berühmten Beschreibung des bayerischen Volkes und seiner Lebensart setzte der bekannte Historiker und Humanist Johannes Thurmair, der sich nach seiner Vaterstadt Abensberg »Aventinus« nannte, die oft zitierte Feststellung: »Das bairische Volk ist geistlich, schlicht und gerecht, läuft gern Kirchfahrte, hat auch viele Kirchfahrten.« Diese Charakterisierung, und das verleiht der Aussage des Aventinus besonderes Gewicht, stammt aus dem Jahre 1533. Damit ist historisch belegt, dass das Wallfahren bereits damals zur festen Tradition gehörte und Ausdruck einer tief im Volk verankerten Frömmigkeit war.

*W*as nach Aventinus im 16. Jahrhundert ganz wesentlich bayerische Lebensart charakterisierte, hat bis in die Gegenwart nichts an Aktualität und Gültigkeit verloren, lässt sich doch an vielen bayerischen Gnadenorten ein deutlicher Anstieg der Wallfahrtsfreudigkeit feststellen. Was besonders überraschen mag, ist der zunehmend große Anteil junger Menschen, die sich zu den traditionellen Gnadenorten hingezogen fühlen und sich mit Begeisterung auf die Wallfahrtswege begeben. Und auch das ist bemerkenswert: Viele Wallfahrten, die in den letzten Jahrzehnten weitgehend in Vergessenheit geraten waren, wurden in jüngster Zeit neu belebt. Man erinnert sich wieder an Wallfahrten, die noch in der ersten Hälfte des vergangenen Jahrhunderts lebendig waren, und erneuert die alte Tradition. Aus den Pfarreien ziehen Gläubige in langen Fußmärschen zu einst beliebten Gnadenorten. Nicht weniger erfreulich ist, dass viele alte Wallfahrtskirchen, die Jahrzehnte vernachlässigt wurden und oft in schlechtem baulichen Zustand sind, unter großen Opfern der Wallfahrer renoviert werden und nunmehr in neuem Glanz erstrahlen. Wie einst sind die Wallfahrtskirchen nicht nur spirituelle Mittelpunkte in unserer Heimat, sondern auch Orte, die in ihrer künstlerischen Schönheit die Herzen der Wallfahrer höher schlagen lassen. Sie wecken in ihnen wie schon bei ihren Vorfahren die Zuversicht, dass ihre Bitten erhört werden.

> **Habsberg-Lied**
> *1. Sei gegrüßt vieltausendmal, o Königin, alldort in deinem Gnadensaal, o Königin!*
> *2. Gott zu Leib und dir zur Ehr, o Gottesmagd, kommen wir von weitem her, o Königin!*
> *3. Unser Volk und unser Land, o Helferin, schirme du mit starker Hand, o Königin!*
> *4. Frieden bringe unsrer Zeit, o Helferin, halte ferne Hass und Streit, o Königin!*
> *Maria, Maria, o Maria, sei gegrüßt!*

Eine lange Geschichte

Die bayerische Wallfahrtsfrömmigkeit der Gegenwart steht in einer vielhundertjährigen Tradition, die bis ins Mittelalter zurückreicht. Damals standen Begräbnisorte und Reliquien von Glaubensboten und -zeugen sowie Heiligen im Zentrum der Verehrung. Zur Zeit der Kreuzzüge brachen tausende von Pilgern auf, um die christlichen Stätten im Heiligen Land zu besuchen. In kleinen Gruppen oder auch allein machten sich unzählige Menschen aus ganz Europa auf den langen, unsicheren Weg, um in Jerusalem, Rom oder Santiago de Compostela zu beten, große Entfernungen und Gefahren durch die Unbilden des Wetters auf sich nehmend und durch Räuber und Krankheiten bedroht. Angesichts der ungewissen Heimkehr machten sie vor Antritt ihrer Pilgerreise in unbekannte Länder ihr Testament und teilten ihren Besitz auf.

Gnadenorte in der Heimat
Da es nur wenigen Menschen möglich war, persönlich die weit entfernten Wallfahrtsstätten aufzusuchen und eine Pilgerreise mit vielfachen Gefährdungen verbunden war, wuchs der Wunsch nach anderen, näher gelegenen, leicht erreichbaren Wallfahrtsorten in der Heimat. Aus diesem Bedürfnis entstanden im 15. und 16. Jahrhunderte in Städten und auf dem Land zahlreiche Verehrungsstätten. Viele von ihnen sind heute vergessen oder haben ihre einstige Bedeutung verloren. Die gläubigen Menschen pilgerten immer dorthin, wo sie sich

Links: Gnadenbild vom Bogenberg: Andachtsbildchen aus dem kurbairischen geistlichen Kalender (1757)

Rechts: Andachtsbildchen mit dem Wiesheiland (1745)

am ehesten Hilfe und Trost versprachen. Beliebt waren Orte, von denen die meisten Gebetserhörungen (»Guttaten«) vermeldet werden konnten. Diese wurden in eigens angelegten Mirakelbüchern von den Wallfahrtsgeistlichen aufgeschrieben. Viele von ihnen sind uns erhalten, so das Mirakelbuch »Neu-entsprossene Gnadenblum auf der Wies« aus dem Jahre 1746.

Blütezeit der Wallfahrten
Nach den Wirren der Reformationszeit erlebte die Wallfahrt in Bayern im 17. Jahrhundert zur Zeit der Gegenreformation, gefördert durch das Konzil von Trient (1545-1563), einen neuen Höhepunkt. Aus Freude und Begeisterung über den wiedergewonnenen alten Glauben blühte besonders die Marienfrömmigkeit im ganzen Land auf. Dazu trugen auch marianische Kongregationen bei, die von den Jesuiten allerorten gegründet wurden. Viele der heute noch lebendigen Marienwallfahrten nahmen in dieser Epoche ihren Anfang.

Die innige Volksfrömmigkeit fand ihren Ausdruck auch in einer barocken Lebensfreude und Darstellungslust, die in zahllosen Kirchen und Kapellen ihren künstlerischen Niederschlag fand. In Stadt und Land entstanden große und kleine Wallfahrtskirchen, die die größten Künstler zu Meisterleistungen beflügelten. Denken wir nur an die Werke von Johann Michael Fischer und der Brüder Asam und Zimmermann, die aus tiefer persönlicher Frömmigkeit überschwänglichen Glanz und Jubel in die kleinen und großen Wallfahrtskirchen brachten. Ermöglicht wurden die Um- und Neubauten durch eine heute unvorstellbare Opferbereitschaft der Gläubigen. Selbst in äußerst bescheidenen Verhältnissen lebend, gaben sie all ihre Ersparnisse für den Bau und die künstlerische Ausstattung der Gotteshäuser, in denen ihre Jenseitserwartungen sinnlich konkretisiert wurden.

Einen besonders großen Anteil am Aufschwung des Wallfahrtswesens hatten in Bayern neben der kirchlichen Obrigkeit die weltlichen Herrscher. So erwies Kurfürst Maximilian I. von Bayern (1597–1651) wie sein Vater Wilhelm V. vielen Gnadenorten seine besondere Gunst, beauftragte Orden wie die Jesuiten, Karmeliter und Kapuziner mit der Seelsorge an Wallfahrtsstätten und wallfahrtete selbst mehrmals nach Tuntenhausen, Altötting und Bettbrunn. Er ließ am 7. November 1638, mitten in den Wirren des Dreißigjährigen Krieges, auf dem ehemaligen Schrannenplatz in München, dem heutigen Marienplatz, die von Hans Krumper gestaltete Mariensäule aufstellen zum Dank dafür, dass die Herzogstädte Landshut und München von den Schweden geschont worden waren.

Wesentliche Anstöße für die Förderung der Wallfahrtsfreudigkeit gaben in der Barockzeit die Bruderschaften, die an vielen Wallfahrtskirchen entstanden, so in München die »Erzbruderschaft von Unserer Lieben Frau zu Altötting«.

Rückgang und Neubelebung der Wallfahrt
Die barocke Lebensfreude mit all ihrem Überschwang hatte an manchen Wallfahrtsorten aber auch recht weltliche Begleiterscheinungen zur Folge, die Ende des 18. Jahrhunderts und zur Zeit der Aufklärung immer wieder zu öffentlicher Kritik und sogar Verboten durch die weltliche und kirchliche Obrigkeit führten. Zahlreiche Wallfahrten wurden deshalb wegen ihrer sehr profanen Begleiterscheinungen verboten, und manche Wallfahrtskirche musste ihren immens angewachsenen Schatz an Votivgaben und wertvollem Kirchengerät während der Säkularisation abliefern. Einige Kirchen wurden sogar abgerissen.

Der Rückschlag, den das Wallfahrtswesen an der Schwelle des 19. Jahrhunderts hinzunehmen hatte, brachte die allgemeine Wallfahrtsfreudigkeit aber nicht gänzlich zum Erliegen. Bereits ab 1820 kam es nach dem Nachlassen des staatlichen Drucks vielerorts wieder zu einer Neubelebung von Wallfahrten. Wie in früherer Zeit fühlte sich das einfache Volk erneut zu den großen und kleinen Gnadenstätten hingezogen. Diese Frömmigkeit erlahmte auch nicht, als nach dem Zweiten Weltkrieg ein neuer aufklärerischer Zeitgeist und Fortschrittsglaube so manche Wallfahrt in Vergessenheit geraten ließ. Alte, traditionelle Wallfahrten schliefen ein und wurden wegen zu geringer Teilnahme nicht mehr durchgeführt.

Nach einer Phase des Desinteresses kam es in den letzten Jahrzehnten des vergangenen Jahrhunderts zu einer spirituellen Neubesinnung und damit auch zu einem Aufleben vieler Wallfahrten, wie auch Wallfahrtsgeistliche in Stadt und Land bestätigen. Viele Pfarreien erinnern sich wieder einer langen Tradition und brechen zu althergebrachten Wallfahrten auf.

Wenn sich auch durch gesellschaftliche Veränderungen und Zwänge, durch die heutige Verkehrssituation und ein verändertes Arbeitsleben die Wallfahrts-

Ursprung der Wallfahrten

praxis gegenüber früher gewandelt hat und viele Pilger mit Autos und der Bahn zu den Gnadenstätten kommen, ist die Liebe zum Wallfahren ungebrochen. Gerade der moderne Mensch findet in einer Wallfahrt Ruhe und neue Kraft für den Alltag. Und sicherlich widerspricht es auch nicht dem Geist des Wallfahrens, wenn sich viele primär von der künstlerischen Schönheit unserer Wallfahrtskirchen angezogen fühlen und sie als Orte innerer Einkehr entdecken.

Ursprung der Wallfahrten

Die Umstände, die zu einer Wallfahrt führten, lassen sich nicht in jedem Fall genau bestimmen und zeitlich fixieren, da oft Geschichte und Legende eng verwoben sind Im Mittelalter waren es Reliquien aus dem Heiligen Land oder aus Rom, die über Kreuzfahrer und Pilger in unsere Heimat gelangten und zu einem Anziehungspunkt für Wallfahrer wurden. Das konnten ein Splitter des Kreuzesholzes Christi, Teile eines Kleidungsstückes einer Heiligen oder Überreste von Märtyrern und Heiligen in römischen Katakomben sein.

Blick auf den Bogenberg über der Donau: Stich von Michael Wening (aus der Topographie Bayerns, 1750)

Ursprung der Wallfahrten

*B*eispielhaft sei hier an die drei Oberaudorfer Bürger erinnert, die 1757 und 1775 in dreimonatigen Fußmärschen nach Rom pilgerten, um Reliquien des hl. Donatus und Innozenz für ihre Pfarrkirche zu holen. Die Überreste der Heiligen wurden in einer Glasvitrine in den beiden Seitenaltären zur Verehrung präsentiert. Sie sollten die Attraktivität der Wallfahrtskirche erhöhen. Reliquien waren es auch, die der Anlass für die Entstehung der Wallfahrt zum Heiligen Berg von Andechs, zum Kloster Scheyern oder nach Bergen bei Neuburg an der Donau waren.

Nach der Reformation traten an die Stelle von Reliquien mehr und mehr Bildstöcke (Dettelbach, Freystadt, Käppele/Würzburg) und Marienbildnisse, die oft an Bäumen befestigt und dort verehrt wurden (Maria Eich, Maria Birnbaum, Mariabuchen). Bei diesen Bildwerken handelte es sich um einfache Darstellungen Mariens, der Dreifaltigkeit, des triumphierenden, verklärten Christus, des leidenden Heilands, der Schmerzensmutter (Pietà/Vesperbild) oder von Heiligen. Aus ganz kleinen Anfängen entwickelte sich allmählich ein Ort der Verehrung. Gefördert wurde die junge Wallfahrt durch Gebetserhörungen, die einem Bild zugeschrieben wurden. Sogleich kamen mehr Gläubige mit ihren Nöten und erwarteten sich Trost und Hilfe, ausgedrückt in Votivgaben und Votivbildern. Die erlangten Guttaten wurden zudem in Mirakelbüchern am Wallfahrtsort festgehalten.

Wundersame Ereignisse

Am Beginn mancher Wallfahrtsorte standen neben Reliquien und Bildstöcken oftmals auch Legenden, die sich um ein spektakuläres Ereignis rankten, also um ein Vorkommnis, das man sich nicht erklären konnte. Ganz besonders bewegten die Menschen Geschichten von heiligen Hostien, aus denen Blut tropfte, sowie Hostienfrevel (siehe: St. Salvator in Bettbrunn, S. 100), Vorgänge, bei denen eine beträchtliche Portion Magie und Wundersucht mit im Spiel war. Diese Legenden um den vermeintlichen Ursprung entstanden oft viel später und sollten der Wallfahrt gleichsam eine nachträgliche Legitimation verschaffen. Häufig stoßen wir dabei auf »weitverbreitete Wandermotive« (Dünninger, J., 1960, S. 10 f.). Ein oft wiederkehrendes Legendenmotiv ist das »gerettete Marienbild«, wie wir es von Mariaort bei Regensburg, vom Bogenberg, von Neukirchen beim Heiligen Blut und von Trautmannshofen in der Oberpfalz kennen.

Wer sich mit der Entstehung von Wallfahrten beschäftigt, wird immer wieder auf Gnadenbilder gleichen Inhalts stoßen. Dies ist ein deutlicher Hinweis darauf, dass sich um ein größeres Zentrum neue Wallfahrten gebildet haben. So erklärt sich auch das besonders im Fränkischen bekannte »wandernde Gnadenbild«, das von einem Ort ausstrahlt und noch in weiter Entfernung ähnliche Wallfahrten hervorbringt. Und so überrascht es nicht, wenn ein Gnadenbild, wenn auch in unterschiedlicher künstlerischer Qualität, mehrmals anzutreffen ist. Von bekannten Bildern wurden Kopien gefertigt und andernorts verehrt, etwa das Passauer Mariahilfbild, das die Kopie eines heute in Innsbruck befindlichen Bildes ist und selbst mehrfach kopiert wurde.

> **Maria im grünen Thal zu Retzbach**
> 1. Nach Retzbach in dem grünen Thal, kommt allzumal!
>   Maria lobt mit hellem Schall, mit hellem Schall!
> 2. Maria, in deinem grünen Thal, zum Himmelssaal uns führ' aus diesem Jammerthal, diesem Jammerthal!
> 3. Im grünen Thal ein frischer Brunn', Maria schön, da ist mein' Lust, mein' Freud', mein' Wonn', mein' Freud', mein' Wonn!
> Seyd freudig und singet, daß alles erklinget im grünen Thal, im grünen Thal!

Wallfahrtslandschaften in Bayern

Die in Jahrhunderten gewachsene Prägung Bayerns durch das Christentum hat zu allen Zeiten ihren Ausdruck in der Wallfahrtsfrömmigkeit gefunden. Ihre Formen wurden beeinflusst durch die kirchenpolitische Entwicklung sowie besonders durch geistige und gesellschaftliche Strömungen. Denken wir nur an die Einflüsse durch Klöster und Fürstbischöfe, durch Reformation und Gegenreformation, durch Aufklärung und Säkularisation. Das erklärt, dass die Wallfahrtsfrömmigkeit stets vor dem Hintergrund der gesamten historischen Entwicklung gesehen werden muss. In manchen Regionen ist das Wallfahren bis heute sehr lebendig, während es in anderen gänzlich erlosch.

Die Gründe liegen in der kirchenpolitischen Entwicklung des 15. Jahrhunderts und in der Reformation. Grob vereinfacht lässt sich sagen, dass überall dort, wo sich die Reformation behaupten konnte, alte Wallfahrtstraditionen durch Verbote allmählich zum Erliegen kamen. Das ist hauptsächlich im Raum um Nürnberg und Ansbach in Mittelfranken sowie um Bayreuth und Hof in Oberfranken der Fall. Dort aber, wo die Gegenreformation zu einer Erneuerung des alten Glaubens führte, kam es zu einem Wiederbeleben alter Wallfahrten. Deshalb liegen die Schwerpunkte bayerischen Wallfahrens heute in Altbayern, in Schwaben, in Unterfranken und Teilen von Oberfranken.

Wallfahrtslandschaften in Bayern

Wallfahrtskirche Kirchwald bei Nußdorf am Inn mit Wallfahrern in der heimischen Tracht, um 1800

Marienwallfahrten

Schon bei einem flüchtigen Blick auf die bayerische Wallfahrtskarte ist das Übergewicht der marianischen Gnadenstätten (insgesamt über 400) unübersehbar. Sie entstanden in der Mehrzahl in der Gegenreformation und verdrängten in vielen Fällen alte Christus- und Heiligenpatronate. Die marianischen Wallfahrtsorte wurden im 18. Jahrhundert zu Juwelen barocker Kunstentfaltung. Viele Gnadenbilder der Gottesmutter, die Zentren der Wallfahrten, wurden mit wertvollen Gewändern bekleidet und mit kostbarem Schmuck behängt.

Regionale Traditionen

Obgleich das Wallfahren in allen katholisch geprägten Landesteilen fester Bestandteil der Volksfrömmigkeit ist, haben sich in Jahrhunderten doch unterschiedliche Formen herausgebildet. Aber das macht ja gerade den Reiz bayerischen Wallfahrtslebens aus. Denken wir nur an die Begeisterung, mit der im Fränkischen bis heute die Wallfahrtstradition gepflegt wird. Dort sind auch heute noch Fußwallfahrer in großer Zahl unterwegs, oft mehrere Tage, vom Frühjahr bis in den Herbst hinein. Nach jahrhundertealtem Brauch werden die fränkischen Wallfahrtsgruppen auf ihrem langen Weg von einer heimatlichen Musikkapelle begleitet. Beim Durchzug durch Ortschaften spielen die Musikanten die vertrauten Kirchenlieder, immer wieder unterbrochen vom Wallfahrtsführer, der den Betern vorangeht und ihnen den Text der Liedstrophen vorspricht. Der Wallfahrtsführer ist für die ordnungsgemäße Durchführung der Wallfahrt verantwortlich, so wie es der Brauch verlangt. Deshalb dürfen in den Reihen der Wallfahrer auch die alten Wallfahrtsstangen mit dem Gnadenbild des jeweils aufgesuchten Gnadenortes sowie die örtlichen Fahnen und Standarten nicht fehlen. Und nicht zuletzt achtet der Wallfahrtsführer streng auf die rechte Disziplin seiner Leute. Er gehört ebenso zu einer fränkischen Wallfahrt wie eine zünftige Blasmusik, die bei der Einkehr in den Gasthäusern mit schwungvollen Weisen alle Müdigkeit vertreibt.

Vierzehn Heilige
1. *Wir rufen an im Büßertone, euch vierzehn Helfer in der Noth, die ihr des Glaubens Marterkrone errungen habt durch euren Tod:*
2. *Wenn bange Sorgen, Kreuz und Leiden, und Unglück, das uns Gott geschickt, der Seele Todesangst bereiten, und Kleinmuth uns darniederdrückt:*
3. *Wenn Krankheit uns am Leben naget, im Übermaß der Schmerz uns quält, der Freund uns Trost und Hülf' versaget, zur Rettung jede Aussicht fehlt:*

Erbittet uns, erbittet uns, erbittet uns in unsrer Noth, Barmherzigkeit und Hülf von Gott, Barmherzigkeit und Hülf von Gott!

1 Kreuzberg in der Rhön: Heiliger Berg der Franken

Ursprung Der Kreuzberg in der Rhön, mit 928 Metern die höchste unter den Verehrungsstätten Deutschlands, war bereits in heidnischer Zeit eine Kultstätte. Im Jahr 686 soll der aus Irland stammende hl. Kilian ein Kreuz errichtet haben. Historisch belegt ist, dass hier seit 1400 ein Kreuz steht, zu dem bis heute Wallfahrer pilgern. Im Jahre 1582 ließ der Würzburger Fürstbischof Julius Echter von Mespelbrunn auf diesem Berg drei Steinkreuze sowie Nothütten für die Wallfahrer errichten. Damit war der Grundstein für eine Wallfahrt gelegt.

Anfahrt: *Autobahn A7 Würzburg–Fulda, Ausfahrt Bad Brückenau/Wildflecken, Bundesstraße 286 über Bad Brückenau nach Bischofsheim, in Wildflecken zum Kreuzberg*
Kirche: *Besondere Pilgergottesdienste und Führungen nach Vereinbarung*
Kontakt: *Franziskanerkloster, Tel. 097 72/9 12 40, Fax 097 72/85 10*
Internet: *www.kreuzbergbier.de*
Einkehr: *Klosterwirtschaft mit eigener Brauerei, Tel. 097 72/9 12 40*
Sehenswert: *Münnerstadt, Ostheim, Fladungen*

Entwicklung Schon bald nach der Kreuzerrichtung wurde 1598 auf dem Kreuzberg die erste Kirche gebaut. Mit der Betreuung der Wallfahrer beauftragte der Würzburger Fürstbischof Franziskaner aus dem Kloster Dettelbach. Die Patres wohnten im Sommer in Hütten auf dem Kreuzberg, im Winter fanden sie im nahen Bischofsheim ein festes Quartier. Im Jahre 1647 fand erstmals die noch heute lebendige Würzburger Prozession auf den Kreuzberg statt. Wenig später wurde hier ein Franziskanerkloster gebaut und mit dem Neubau der Kirche begonnen, die 1692 eingeweiht wurde. Mit dem Anwachsen der Wallfahrt hing auch der Bau einer Brauerei im Jahr 1731 zusammen. Jäh unterbrochen wurde die Blütezeit der Kreuzberg-Wallfahrt durch die Säkularisation, als von der Obrigkeit alle Prozessionen verboten wurden, die länger als einen halben Tag dauerten. Aber schon 1826 sicherte König Ludwig I. von Bayern den Fortbestand des Klosters und damit der Wallfahrt. Fortan konnte auch die Würzburger Kreuzbruderschaft wieder ihre traditionelle Wallfahrt auf den Kreuzberg durchführen. Während des Zweiten Weltkrieges diente das Kloster zeitweise als Kinder-Landverschickungslager. An die Westseite der Kirche schließt sich das Klostergebäude aus dem frühen 18. Jahrhundert an.

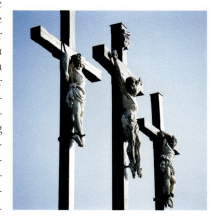

Kreuzgruppe unterhalb des Gipfels des Kreuzberges (928 m)

Ankunft der Traditionswallfahrt der Würzburger Kreuzbruderschaft, angeführt vom Wallfahrtsführer mit rotem Mantel und Kreuzstab

Südlich vom Konvent liegt die Brauerei, nördlich das 1687 errichtete Gästehaus, heute Kreuzberghotel. Von der Kirche führt ein Stationsweg mit 13 Kapellen zur Kreuzgruppe unterhalb des Gipfels. Das derzeitige Gipfelkreuz mit einer Höhe von 34 Metern wurde 1969 errichtet.

Wallfahrtskirche Die Klosterkirche auf dem Kreuzberg ist zugleich Wallfahrtskirche. Über Baumeister und Künstler gibt es keine gesicherten Angaben. Der schlichte, schiefergedeckte Bau aus dem Jahre 1692 wird von einer achtseitigen Laterne mit Zwiebelturm überragt. Im Inneren wirkt die Kirche hell und freundlich, ein flaches Kreuzgewölbe überspannt den rechteckigen Raum. Eines der drei Deckenfresken zeigt die Kreuzauffindung durch Kaiserin Helena. Den Tabernakel aus der Rokokozeit krönt das Wallfahrtsbild, ein Kreuz mit Strahlenkranz. In der Seitenkapelle befindet sich ein reich ausgestatteter Altar mit Antonius von Padua und dem Jesusknaben. Barocker Schwung und Schmuck zeichnen die Kanzel aus. In der linken Seitenwand des Chores ist ein Sandsteinrelief, das vom Altar der Kapelle aus der Julius-Echter-Zeit (1598) stammt. Es zeigt den Gekreuzigten mit seiner Mutter, mit Johannes, Maria Magdalena und dem Hauptmann.

Wallfahrtsleben Der Kreuzberg hat bis heute nichts von seiner Anziehungskraft als Wallfahrtsort der Franken verloren. Zu den treuesten Wallfahrern gehören die Mitglieder der Würzburger Kreuzbruderschaft, die jedes Jahr von der Kiliansstadt zum Kreuzberg ziehen. Jährlich kommen über 70 Fußwallfahrtsgruppen, vor allem aus dem Maindreieck. Die oft mehr als 300 Teilnehmer sind mehrere Tage unterwegs.

Der Münchner Kardinal Michael von Faulhaber schrieb bei einem Besuch des Kreuzbergs in das Gästebuch: »Den Kreuzberg herauf kam ein endloser Zug, die einen zur Kirche, die andern zum Krug. Sie sind wieder fort, das Kreuz sah sie gehn, die Menschen wandern, das Kreuz bleibt stehn.«

Wallfahrtsorte in Franken

2 Maria Glosberg: Marienfrömmigkeit im Frankenwald

Ursprung Über den Ursprung der Wallfahrt liegen keine historischen Quellen vor. Ein erster Hinweis auf diesen Wallfahrtsort findet sich im Jahre 1530 in einer Stiftungsrechnung. Zu dieser Zeit muss es auch gewesen sein, als eine spätgotische Muttergottesfigur im Wald gefunden wurde, die der Sage nach an einem Baum hing. Später brachte man das Marienbild in die Dorfkirche, wo es von vielen verehrt wurde.

Anfahrt: *Bundesstraße 173 von Bamberg nach Kronach, Bundesstraße 85 über Ludwigsstadt nach Glosberg*
Kirche: *Besondere Pilgergottesdienste und Führungen nach Vereinbarung*
Kontakt: *Franziskanerkloster, Tel. 09261/61850, Fax 09261/61851*
E-Mail: *wallfahrtskirche.glosberg@erzbistum-bamberg.de*
Einkehr: *Glosberg: Gasthaus Weißes Ross, Tel. 09261/20900, Gundelsdorf: Gasthaus Bischofshof, Tel. 09261/20650*
Sehenswert: *Veste Rosenberg in Kronach, Burg Lauenstein*

Entwicklung Ein wichtiges Ereignis für die junge Wallfahrt war im Jahr 1727, als Pilger an der Marienfigur in der Kirche wundersame Beobachtungen machten: Viele stellten am Muttergottesbild blutige Tränen fest. Zur Enttäuschung der Glosberger wurde das Wunder von der fürstbischöflichen Behörde nicht anerkannt, was aber der Verehrung keinen Abbruch tat. Durch die zahlreichen Opfergaben war es auch möglich, von 1730 bis 1736 eine größere Kirche zu bauen. Nun erhielt die Wallfahrt doch noch die kirchliche Bestätigung. Die Betreuung wurde von Franziskanern übernommen, was sehr zum weiteren Aufblühen des Gnadenortes beitrug. Im Zuge der Säkularisation musste der Orden Glosberg im Jahre 1810 verlassen. Die Wallfahrtskirche wurde Pfarrkirche von Glosberg. Erst nach und nach kamen im 19. Jahrhundert wieder Wallfahrer. Heute zählt Glosberg zu den beliebtesten Wallfahrtsorten in Oberfranken, wenn es sich auch nicht mit Vierzehnheiligen und Gößweinstein messen kann.

Wallfahrtskirche mit Schieferdach, erbaut nach Plänen von Balthasar Neumann, am Eingang Figuren der Diözesanheiligen Heinrich und Kunigunde

Wallfahrtskirche Die landschaftlich reizvoll gelegene Kirche im Frankenwald ist der Mittelpunkt des kleinen Frankenwalddorfes und beeindruckt durch ihre äußere Schlichtheit und Ausgewogenheit. Im Inneren besticht die

Gnadenbild der weinenden Muttergottes am Hochaltar

Kirche, an der beratend auch Balthasar Neumann mitwirkte, durch die Freundlichkeit des Stucks und die Deckenbemalung. Das Fresko zeigt das Patronat der Kirche, die Himmelfahrt Mariens und Maria als Mutter der immerwährenden Hilfe. Den Mittelpunkt des barocken Hochaltars (um 1740) bildet das spätgotische Gnadenbild, eine stehende Muttergottes mit dem Kind aus der Zeit um 1470, bekleidet mit einem Brokatumhang in den Farben des Kirchenjahres. Zu beiden Seiten des Marienbildes sind Figuren von Joachim, Johannes dem Täufer, Josef und Anna. Die Kanzel schmücken Figuren der vier Evangelisten. Im Chorraum befinden sich Statuen des hl. Wendelin, des hl. Josef, der Taufe Christi und einer Pietà (jeweils aus der 1. Hälfte des 19. Jahrhunderts) sowie Votivtafeln aus dem 18. und 19. Jahrhundert. Um die Kirche läuft eine Mauer aus Sandsteinquadern. Das repräsentative Westportal flankieren lebensgroße Sandsteinfiguren von St. Kunigunde und St. Heinrich, den Bamberger Bistumsheiligen.

Zur Wallfahrtskirche gehört die Waldkapelle auf dem nahen Rauschberg, wo die Marienstatue gefunden wurde. Hier soll im Jahre 1844 ein Hüterbub eine Marienerscheinung gehabt haben, was zum Bau der Kapelle führte.

Wallfahrtsleben Wenn Maria Glosberg auch etwas im Schatten der großen Wallfahrtsstätten steht, hat der Gnadenort bis heute eine große regionale Bedeutung in Oberfranken. Nach alter Tradition pilgern viele Pfarrgemeinden aus der näheren Umgebung zu Fuß hierher, viele Wallfahrer aus dem fränkischen Raum kommen mit Bussen. Der Wallfahrtshöhepunkt ist alljährlich das Patrozinium Mariä Namen am 2. Sonntag im September. Und allmonatlich von Mai bis Oktober ziehen Wallfahrer zusammen mit den Glosbergern am Fatimatag (13. jeden Monats) betend zur Waldkapelle hinauf.

3 Marienweiher: beliebtes Gnadenbild in den Wäldern Oberfrankens

Ursprung Nach einer Legende aus dem 12. Jahrhundert soll im heutigen Marienweiher ein sächsischer Fuhrmann in einem Wirtshaus um Herberge nachgesucht haben. Als in jener Nacht das Wirtshaus von Räubern überfallen wurde, erflehte er voller Angst den Schutz der Gottesmutter. Als er und auch sein Fuhrwerk unversehrt blieben, gelobte er, eine Muttergottesfigur in einer hölzernen Kapelle aufstellen zu lassen. Nach einer anderen Legende sollen die Bewohner des Ortes, als die Kapelle in Brand geraten war, das Bild in den nahen Weiher geworfen haben, wo es unbeschädigt die Feuersbrunst überstand. Diese Legende hat ihren Ursprung wohl im Hussiteneinfall von 1430.

Anfahrt: *Autobahn A 9 Nürnberg-Bayreuth, Ausfahrt Bad Berneck, Bundesstraße 303 nach Untersteinach, Bundesstraße 269 nach Marktleugast/Marienweiher • Bundesstraße 173 Bamberg-Kronach, in Lichtenfels Bundesstraße 289 über Kulmbach nach Untersteinach, Bundesstraße 269 nach Marktleugast/Marienweiher*
Kirche: *Besondere Pilgergottesdienste und Führungen nach Vereinbarung*
Kontakt: *Kath. Pfarramt Marienweiher, Tel. 09255/9460, Fax 09255/94647,*
E-Mail: *marienweiher@erzbistumbamberg.de*
Einkehr: *Gastwirtschaft Rau, Zum Adler, Tel. 09255/276, Gastwirtschaft Ott, Zwei Linden, Tel. 09255/243 in Hermes (4 km entfernt): Landgasthof Haueis, Tel. 09255/245*
Sehenswert: *Kulmbach: Plassenburg, Bayreuth: Festspielhaus und Eremitage*

Entwicklung Marienweiher wird erstmals im Jahre 1189 bei der Übergabe der Kirche an das Kloster Langheim urkundlich erwähnt. In der Reformationszeit kam es in Marienweiher zu einem Religionswechsel, erst 1617 wurde der Ort wieder katholisch. Um dem Erlahmen des christlichen Lebens entgegenzuwirken, übernahmen 1646 Franziskaner die Betreuung des Gnadenortes.

Trotz aller Beeinträchtigung des Wallfahrtsbetriebes durch die Säkularisation verlor das Gnadenbild nichts von seiner Anziehungskraft. 1828 wurde erneut den Franziskanern die Wallfahrtsseelsorge übertragen, was die Beliebtheit des Gnadenortes weiter ansteigen ließ. Seit 1983 wird Marienweiher von Franziskanern aus Schlesien betreut.

Wallfahrtskirche Die Kirche besticht durch ihre architektonische Harmonie. Über viele Stufen einer Treppenanlage des fürstbischöflichen Hofarchitekten Johann Michael Küchel erreicht der Besucher das Portal an der Nordseite. Küchel ist auch der Baumeister des Turmes mit der barocken Zwiebelspitze.

Das Kirchenschiff, unterteilt durch Pfeiler mit vorgestellten Pilastern, wird durch Deckenfresken von Antonio Nave aufgelockert. Diese zeigen in fünf Szenen die

Geheimnisse des freudenreichen Rosenkranzes und wollen ein Lobpreis Mariens sein.

Der Mittelpunkt der lichterfüllten Kirche, die 1993 in den Rang einer Päpstlichen Basilika erhoben wurde, ist der klassizistische Hochaltar (1811/12), dessen Formenreichtum noch an das vergangene Rokoko erinnert. Über dem Tabernakel unter einem stilvollen Baldachin thront das seit Jahrhunderten verehrte Gnadenbild von 1520. Die spätgotische Madonna ist seit der Barockzeit bekleidet. Versuche, die Figur ohne Bekleidung zu zeigen, riefen den Widerstand der Gläubigen hervor.

Besondere Beachtung verdient ein Votivbild an der linken Chorwand, das ein sehr früher Beleg für die Wallfahrt zu dieser Kirche ist. Es zeigt einen Marktleugaster Bürger, der unter Karl V. (1519-1556) gegen die Türken kämpfte und es zum Dank für die glückliche Heimkehr anfertigen ließ. Im Turmgeschoss befindet sich die Annakapelle mit einer Darstellung des Todes der Mutter Anna sowie die Mirakelkammer mit vielen Wachsgaben, auch Wachspuppen geheilter Kinder und Erwachsener. Die Nordseite der Kirche umsäumen außen kapellenartige Nischen; in einer der Nischen befindet sich eine Kreuzigungsgruppe aus der Zeit um 1520.

Die Wallfahrtskirche inmitten des Frankenwaldes

Wallfahrtsleben Marienweiher ist einer der meistbesuchten Gnadenorte des Bistums Bamberg, besonders des Frankenwaldes. Die Wallfahrtszeit beginnt nach Ostern und dauert bis Ende Oktober.

Wallfahrtshöhepunkte sind alljährlich Pfingsten und das Fest Mariä Geburt (8. September). Bis zum Zweiten Weltkrieg führte hierher auch die Egerländerwallfahrt, einer alten Tradition folgend. Daran erinnert in der Wallfahrtskirche die alte Fahne der Egerländer. Sie zeigt auf der einen Seite die Stadtkirche von Eger und auf der anderen das Gnadenbild von Marienweiher.

Schon von weitem sehen die Wallfahrer die Wallfahrtskirche, das Ziel ihres Pilgerweges.

Wallfahrtsorte in Franken

4 Vierzehnheiligen: barockes Wallfahrtsheiligtum im oberen Maintal

Ursprung Im Jahre 1445 hatte der Schäfer des Klosters Langheim eine Erscheinung: Zuerst sah er ein weinendes Kind sitzen, das verschwand, als er näher trat. In einer zweiten Vision erblickte er abermals das Kind, zu beiden Seiten je eine brennende Kerze. Im darauffolgenden Jahr sah er wiederum das Kind, diesmal mit einem roten Kreuz auf dem Herzen, umgeben von einem Kreis von vierzehn Kindern, alle gleich gekleidet, halb weiß, halb rot. Die Kinder gaben sich dem Kind als die vierzehn Nothelfer zu erkennen. Auf den Bericht des Klosterschäfers hin errichtete man noch im selben Jahr an der Stelle der Erscheinungen ein Kreuz.

> **Anfahrt:** *Autobahn A 73 Nürnberg-Bamberg, Ausfahrt Kreuz Bamberg, Bundesstraße 173 in Richtung Lichtenfels bis Staffelstein-Ost, in Richtung Lichtenfels bis Reundorf, von hier nach Vierzehnheiligen • Autobahn A 9 Nürnberg-Bayreuth, Ausfahrt Dreieck Bayreuth/Kulmbach, Autobahn A 70 bis Kreuz Bamberg, Bundesstraße 173 in Richtung Lichtenfels bis Staffelstein-Ost, in Lichtenfels bis Reundorf, von hier nach Reundorf*
> **Kirche:** *Besondere Pilgergottesdienste und Führungen nach Vereinbarung*
> **Kontakt:** *Franziskanerkloster, Tel. 095 71/9 50 80, Fax 095 71/95 08 50*
> **E-Mail:** *vierzehnheiligen@franziskaner.de*
> **Einkehr:** *Gaststätte Goldener Hirsch, Tel. 095 71/92 68, Gaststätte Goldener Stern, Tel. 095 71/10 40, in Reundorf Gaststätte Müller, Tel. 095 71/9 57 80*
> **Sehenswert:** *Staffelstein: Kloster Banz, Obermaintherme, Coburg: Altstadt, Veste*

Entwicklung Wenige Tage nach der letzten Erscheinung wurde ein erstes Wunder bekannt. Die Kunde davon sprach sich rasch herum, und so kamen fortan immer mehr Hilfesuchende ins Frankenthal, wie die Gegend um den Gnadenort einst hieß. Bald bürgerte sich jedoch der Name Vierzehnheiligen ein. Noch im Jahr der letzten Erscheinung wurde eine Kapelle gebaut, die im Bauernkrieg zerstört und wieder aufgebaut wurde. In der Gegenreformation entschloss sich der baufreudige Langheimer Abt Stephan Mösinger zu einem Neubau. Als Baumeister wurde Balthasar Neumann beauftragt, der wegen eigenmächtiger Änderungen seiner Pläne das Werk nicht mehr weiterführen wollte, sich aber dann doch zur Fertigstellung entschloss. 1772 wurde das gelungene Werk eingeweiht. 1803 beendete die Säkularisation jäh die Wallfahrt nach Vierzehnheiligen. Zu einem Neuanfang kam es, als 1839 Franziskanermönche die Wallfahrtsstätte übernahmen.

Oben: Andachtsbild von Vierzehnheiligen um 1900

Wallfahrtskirche Vierzehnheiligen ist eine der schönsten Wallfahrtskirchen, eine Krone barocker Baukunst. Die Kirche, auf einer Anhöhe gegenüber dem einstigen Benediktinerkloster Banz gelegen, versteht sich als Lobpreis auf die vierzehn

Hoch über dem Maintal: die von Balthasar Neumann erbaute Wallfahrtskirche mit der imposanten Barockfassade

Nothelfer, die seit dem Mittelalter in den verschiedensten Nöten verehrt wurden. Wer sich Vierzehnheiligen nähert, ist begeistert von der Harmonie des Baues. Im Inneren beglückt den Besucher die Helligkeit des hohen Raumes, die Ausgewogenheit der Farben und Fresken, die Plastizität der Stuckaturen, die Fülle des Goldes. Die Ausmalung stellt ein Meisterwerk des Mailänders Giuseppe Appiani dar. Das große ovale Fresko über dem Gnadenaltar zeigt die Verherrlichung der vierzehn Nothelfer, die Dreifaltigkeit, Maria und die Bistumspatrone Heinrich und Kunigunde. Die jüngste Renovierung gab Appianis Fresken ihre ursprüngliche Schönheit zurück. Das Herzstück der Wallfahrtskirche ist der Gnadenaltar. Idee und Ausführung stammen von dem Bamberger Johann Michael Küchel, einem Schüler Neumanns. Auf dem originellen Rundaltar sind Figuren der vierzehn Nothelfer platziert, alle an ihren Attributen erkennbar. Ausgeführt wurde die kühne Stuckarchitektur von den Wessobrunner Meistern Johann Michael Feichtmayr und Johann Georg Üblher. Das Hochaltarbild zeigt die Aufnahme Mariens in den Himmel. Ein besonderes Prachtstück der Kirche ist die Kanzel, deren Schalldeckel als goldene Kugel gearbeitet ist.

Zum Kreis der vierzehn Nothelfer zählen die Heiligen Achatius, Ägidius, Barbara, Blasius, Christophorus, Cyriakus, Dionysius, Erasmus, Eustachius, Georg, Pantaleon, Katharina, Margareta und Vitus.

Wallfahrtsleben Trotz der Touristenströme, die Jahr für Jahr durch die herrliche Kirche ziehen, hat Vierzehnheiligen seinen sakralen Charakter bewahrt. Die Wallfahrtsbasilika ist jedes Jahr das Ziel von 80 bis 100 Gruppen, die aus dem gesamten Maindreieck, aus Würzburg, aus der Fränkischen Schweiz, aus dem Frankenwald und aus der Rhön zur Kirche der vierzehn Nothelfer ziehen. Daneben kommen zahllose Wallfahrtsgruppen mit Bussen und viele Einzelpilger zu diesem außergewöhnlichen Gnadenort.

Der Gnadenaltar mit den Figuren der vierzehn Nothelfer ist das Zentrum der herrlichen Kirche.

5 Mariabuchen: Wallfahrtsidylle in den Wäldern des Spessarts

Ursprung Nach einer Legende entdeckte man um 1395 beim Fällen einer alten Buche in deren Rinde eine kleine Muttergottesfigur, eine Pietà: Maria mit dem toten Sohn auf dem Schoß. Von der Statue sollen in der damaligen Pestzeit heilende Kräfte ausgegangen sein, sodass es zu einer kleinen Wallfahrt kam. Durch Wunderzeichen wurde die Anziehungskraft des Gnadenbildes noch verstärkt. Deshalb errichtete man 1434 an der Stelle, wo die Buche stand, eine Kapelle.

Anfahrt: *Autobahn A 3 Nürnberg-Würzburg-Frankfurt, Ausfahrt Marktheidenfeld, über Marktheidenfeld und Rothenfels nach Lohr, Richtung Steinfeld bis Sendelbach, dann nach Mariabuchen • Bundesstraße 8 Würzburg-Marktheidenfeld, über Rothenfels nach Lohr, in Richtung Steinfeld bis Sendelbach und nach Mariabuchen*
Kirche: *Besondere Pilgergottesdienste und Führungen nach Vereinbarung*
Kontakt: *Franziskanerkloster, Tel. 09352/2714, Fax 09352/603473*
E-Mail: *KlosterMariabuchen@bistum-Würzburg.de*
Einkehr: *Gasthaus Waldrast, Tel. 09352/800400*
Sehenswert: *Altstadt von Lohr, Veitshöchheim (Schloss)*

Entwicklung Über die erste Zeit der Wallfahrt liegen uns keine Aufzeichnungen vor. In den Jahren der Glaubenskämpfe und des Bauernaufstandes wurde die kleine Kapelle verwüstet. Durch Spenden zahlreicher Wallfahrer und mit Unterstützung des Fürstbischofs Julius Echter von Mespelbrunn konnte im Jahre 1618, zu Beginn des Dreißigjährigen Krieges, die Kapelle neu gestaltet und vergrößert werden. Als sie wiederum zu klein wurde, riss man sie 1692 ab und ersetzte sie durch einen Neubau. Einen großen Aufschwung nahm die Wallfahrt, als 1726 den Kapuzinern die seelsorgerische Betreuung übertragen wurde, eine Aufgabe, die sie bis 2002 wahrnahmen. In größte Bedrängnis kam Mariabuchen in der Zeit der Säkularisation, als der Ordenskonvent vertrieben wurde. Die Kirche musste Kirchengeräte und Messgewänder abliefern. Die Wende brachte das Jahr 1819, als Mariabuchen wieder an Bayern zurückkam. Nach der Wiederzulassung der Klöster wurde die alte Wallfahrtstradition erneuert. 1849 zogen erneut Kapuziner ins Kloster ein. Nach vielen Rückschlägen erfreut sich Mariabuchen in den letzten Jahren steigender Beliebtheit.

Wallfahrtskirche Die Kirche, reizvoll eingebettet in die Wälder des Vorspessarts, kann nicht durch große kunsthistorische Bedeutung glänzen. In ihrer Schlichtheit spiegelt sich die jahrhundertelange Armut der Menschen dieser Gegend wider. Die Kirche, zwischen 1692 und 1701 erbaut, passt sich in ihrer baulichen Einfachheit gut in die waldreiche Landschaft ein. Der niedrige Turm wird von

Die schlichte Wallfahrtskirche bei Lohr am Main

einer Zwiebeldachkuppel mit Laterne bekrönt. Das Gnadenbild am linken Seitenaltar ist eine kleine, bunt gefasste Pietà aus dem Ende des 13. Jahrhunderts. Neben dem Gnadenaltar hängen an der Wand mehrere kleine Votivbilder. Hochaltar und Seitenaltäre wurden im vergangenen Jahrhundert wesentlich umgestaltet. Aus der Erbauungszeit der Kirche (1692–1701) sind lediglich das Bild des Hochaltars (Kreuzabnahme Jesu) sowie das Wappen des Fürstbischofs Julius Echter erhalten. Der linke Seitenaltar zeigt die Darstellung Mariens im Tempel, der rechte Elisabeths Besuch bei Maria. Die schlichte Kanzel entstand um 1750.

Als Mariabuchen in der Säkularisation nach Baden kam, drohte das Ende der Wallfahrt. Die Wende brachte das Jahr 1819, als Mariabuchen wieder bayerisch wurde.

Wallfahrtsleben Die Wallfahrt Mariabuchen, 250 Jahre lang von Kapuzinern und heute von zwei Franziskanerpatres betreut, hat viele Freunde, die regelmäßig aus nah und fern an diesen stillen Ort inmitten alter Buchenwälder kommen. Neben den Fußwallfahrern aus der näheren Umgebung suchen den Gnadenort viele Pilgergruppen aus der Pfalz, dem Rheinland und aus Franken auf. Wallfahrtshöhepunkte sind das Patrozinium der Kirche Mariä Heimsuchung (2. Juli) und das Fest Mariä Himmelfahrt (15. August).

Das Gnadenbild mit der Pietà ist das Werk eines unbekannten Meisters.

6 Hessenthal: Unsere Liebe Frau im Spessart

Ursprung Nach der Gründungslegende wurde im 13. Jahrhundert ein Ritter, der nicht an die Existenz Gottes glauben wollte, durch sein auf wunderbare Weise blutig gewordenes Schwert davon überzeugt, dass es Wunder gibt. In einem Strauch nahebei fand er ein Marienbild. Tief beeindruckt von diesem Erlebnis ließ er an der Fundstelle eine Kapelle errichten, in der er auch das Bildnis aufstellte. Bald entwickelte sich eine kleine Wallfahrt. Als die Kapelle schon bald zu klein wurde, entschloss sich der Ritter, in Haseltal, dem heutigen Hessenthal, eine größere Kapelle zu bauen. Bei Nacht kehrte das Marienbild, »Herrnbild« genannt, aber immer wieder an seinen alten Ort zurück, und erst nachdem der Ritter gelobte, es alljährlich am zweiten Pfingsttag in feierlicher Prozession zur alten Kapelle zu bringen, blieb es an seinem Ort.

Anfahrt: *Autobahn A 3 Würzburg-Frankfurt, Ausfahrt Weibersbrunn, weiter nach Hessenthal*
Kirche: *Besondere Pilgergottesdienste und Führungen nach Vereinbarung*
Kontakt: *Kath. Pfarramt Mespelbrunn, Tel. 060 92/2 77 Fax 060 92/70 44*
E-Mail: *Kath.Pfarramt-Hess-Mespelbrunn@t-online.de*
Einkehr: *Gasthaus Goldenes Fass, Tel. 060 92/2 51, Zur Schönen Aussicht, Tel. 060 92/15 27, Hobelspan, Tel. 060 92/82 28 61*
Sehenswert: *Schloss Mespelbrunn, Altstadt von Lohr*

Entwicklung Historisch gesicherte Angaben vom Beginn der Wallfahrt fehlen. Es existieren nur zwei Ablassbriefe des Mainzer Erzbischofs Gerhard aus dem Jahre 1293, die darauf hindeuten, dass dieser Wallfahrtsort bereits im 13. Jahrhundert bestand. Förderer der Hessenthaler Gnadenstätte waren Angehörige des Geschlechts der Echter vom nahen Schloss Mespelbrunn. Sie veranlassten auch 1480 den Bau einer größeren Kirche neben der alten Wallfahrtskapelle, in der ein neues Marienbild, eine Pietà, aufgestellt wurde. Etwa zehn Jahre später wurde an gleicher Stelle eine neue Kirche, die Kreuzkapelle, gebaut, für die ein damals noch unbekannter junger Meister – wahrscheinlich war es Tilman Riemenschneider – eine Darstellung der Beweinung Christi unter dem Kreuz schuf.

Wallfahrtskirche Die heutige Wallfahrtskirche aus den Jahren 1952 bis 1954 verbindet alte und neue Bauelemente. Dem Neubau mussten die an der Nordseite liegende Kaplanei (etwa 1800) und ein Teil des Langhauses weichen. Über eine moderne Freitreppe erreicht man die

Ausschnitt aus dem spätgotischen Beweinungsaltar von Tilman Riemenschneider, um 1490

Epitaph von Erhard Barg aus dem Jahr 1582 mit der Stifterfamilie Julius Echter aus Mespelbrunn

ursprüngliche Gnadenkapelle aus dem Jahre 1454. Unter dem gotischen Kreuzrippengewölbe erhebt sich in der Apsis der Hochaltar mit dem Gnadenbild, einer spätgotischen Pietà, in der Mitte. Von der alten Wallfahrtskapelle gelangt man in die neue Kirche. Der saalartige Raum wirkt sehr sachlich und nüchtern. Das Zentrum des rechteckigen Chores bildet die steinerne Kreuzigungsgruppe von Hans Backoffen. Zwischen den drei hoch aufragenden Kreuzen stehen Maria und Johannes, zu Füßen des Kreuzes Christi kniet Maria Magdalena. Vom Langschiff aus erreicht man die alte Wallfahrtskirche, die Grabeskirche der Echter.

Die seit dem 13. Jahrhundert nachweisbare Wallfahrt wurde im 16. Jahrhundert besonders durch die Familie Echter gefördert.

Wallfahrtsleben Obwohl die Kirche seit 1969 Pfarrkirche der Pfarrgemeinde Hessenthal-Mespelbrunn ist, hat sie ihre einstige Bedeutung als Gnadenstätte bis heute bewahrt. Von Ostern bis Mitte September ziehen Wallfahrergruppen aus dem Spessart, viele zu Fuß, zum Gnadenbild Unserer Lieben Frau. Mit Bussen kommen vom Frühjahr bis in den Herbst hinein Wallfahrer aus der weiteren Umgebung. Wallfahrtshöhepunkte sind jedes Jahr der Oster- und der Pfingstmontag, das Fest Mariä Himmelfahrt (15. August) und der Sonntag nach dem Fest Mariä Geburt (8. September).

7 Retzbach: »Maria im grünen Tal« – älteste Wallfahrt Frankens

Ursprung Nach der Legende sollen einst die Herren von Thüngen einen Hasen gejagt haben, der verwundet in eine Höhle im Grünen Tal flüchtete. Sie fanden das Tier »sechs Schuh unter der Erde« zusammen mit einem steinernen Madonnenbild, das beim Ausgraben eine Schramme im Gesicht davontrug. Darin sahen die adeligen Herren einen Wink von oben und gelobten den Bau einer Kapelle zu Ehren der Himmlischen Frau. Historisch belegbar ist die Wallfahrt aufgrund eines Bruderschaftsbüchleins aus dem Jahre 1685, in dem sich ein Hinweis auf einen Ablass findet, der der Wallfahrtskapelle im Jahre 1229 gewährt wurde.

Anfahrt: *Autobahn A 7 Würzburg-Fulda, Ausfahrt Gramschatzer Wald, von Gramschatz nach Retzbach • Autobahn A 3 Nürnberg-Würzburg, Ausfahrt Kitzingen, Bundesstraße 27 Veitshöchheim nach Retzbach*
Kirche: *Besondere Pilgergottesdienste und Führungen nach Vereinbarung*
Kontakt: *Kath. Pfarramt, Tel. 09364/9930, Fax 09364/80008,*
E-Mail: *pfarrei.retzbach@bistum wuerzburg.de*
Einkehr: *Gasthof Vogelsang, Tel. 09364/8050, Gasthof Dumrich, Tel. 09364/2073*
Sehenswert: *Veitshöchheim: Schloss und Hofgarten, Lohr: Altstadt*

Entwicklung Die Wallfahrt war bereits in ihren Anfängen mit einer Marienbruderschaft verbunden, die bis heute fortbesteht. Darauf weisen Quellen aus dem frühen 15. Jahrhundert hin. In der Reformationszeit waren die Wallfahrt und die Bruderschaft in Auflösung begriffen. Wenn Retzbach als Wallfahrtsort im 17. Jahrhundert wieder aufblühen konnte, so war dies vor allem das Verdienst von Fürstbischof Julius Echter, der die Wallfahrt kraft seiner Autorität förderte. Da die spätgotische Kirche aufgrund des großen Zulaufs die Wallfahrer bald nicht mehr fassen konnte, wurde in den Jahren 1622 bis 1625, also während des Dreißigjährigen Krieges, an den Chor ein neues Langhaus angebaut. Wie auch an anderen Orten nahm zur Zeit der Gegenreformation das Wallfahren in Retzbach einen gewaltigen Aufschwung.

Nach einem Rückgang in den Jahren der Aufklärung und Säkularisation kamen im 19. Jahrhundert wieder Pilger nach Retzbach. Auch in unseren Tagen zählt Maria im Grünen Tal zu den beliebten Wallfahrten im Bistum Würzburg.

Heilquelle neben der Wallfahrtskirche

Wallfahrtskirche Die Kirche ist eingebettet in die malerische Landschaft des Retzbachtales. Durch eine Toranlage erreicht man von Westen her den Vorplatz der Kirche mit einer hohen steinernen Kapelle. Vom großen Versammlungsplatz auf der

Die Wallfahrt zu Maria im grünen Tal geht bis ins 13. Jahrhundert zurück. Der Chor der Kirche entstand im 14. Jahrhundert, das Langhaus 300 Jahr später.

Nordseite überschaut man den ganzen Bau mit dem modernen Langhaus aus den 1960er-Jahren. Dieser Neubau zeichnet sich außen wie innen durch Schlichtheit und Sachlichkeit aus und ist betont schmucklos. Die Seitenaltäre gehören zur alten Ausstattung der Kirche. Die Bilder zeigen links die Enthauptung Johannes' des Täufers, rechts die Heilige Familie. An der rechten Seitenwand befindet sich ein Vierzehn-Nothelfer-Altar (um 1700). Im mittelalterlichen Chorraum hat das gotische Gnadenbild seinen Platz gefunden. Die Marienfigur steht auf einer modernen künstlerisch geformten Säule aus Bronze. Die Retzbacher Wallfahrtskirche erschießt sich dem Besucher in ihrer Verbindung von mittelalterlichem Chor und modernem Langhaus nicht auf Anhieb. Der Neubau wurde erforderlich, da das Langhaus aus dem 17. Jahrhundert in einer Gewitternacht im Juni 1968 einstürzte. Unter Erhaltung von Westfassade und Chor wurde nach den Plänen des Würzburger Dombaumeisters Hans Schädel 1968/69 ein Neubau aus Stahlbeton geschaffen.

Das Gnadenbild, eine Madonna aus dem 14. Jahrhundert, steht jetzt auf einer modernen Bronzesäule.

Wallfahrtsleben Retzbach zählt heute zu den beliebtesten Gnadenorten Mainfrankens. Den alten Gelöbnissen treu, kommen etwa 30 Wallfahrergruppen aus dem Würzburger Raum, aber auch aus Fulda und Baunatal zu Fuß zu Maria im Grünen Tal. Kranken und älteren Menschen werden zweimal jährlich besondere Wallfahrtstage angeboten. Wallfahrtshöhepunkte sind die ersten drei Wochenenden im September zur Feier der Feste Mariä Geburt, Mariä Namen und Mariä Schmerzen. In jüngster Zeit gewann Retzbach besondere Bedeutung als Gebetsort um die Einheit der Christen.

Wallfahrtsorte in Franken

8 Fährbrück: fränkische Wallfahrt zu Unserer Lieben Frau

Ursprung Kapellen gab es schon im 12. und 17. Jahrhundert an diesem Ort. Als die im Dreißigjährigen Krieg zerstörte Kirche wieder aufgebaut wurde, entwickelte sich bald eine Wallfahrt. Fürstbischof Johann Philipp von Schönborn berief Karmeliten aus Würzburg zur Betreuung der Wallfahrer. Ab 1798 wurde hier eine farbig gefasste Figur der Muttergottes, der Herzogin von Franken, verehrt.

Anfahrt: *Autobahn A 9/3 München-Nürnberg-Würzburg, Ausfahrt Würzburg-Estenfeld, Bundesstraße 19 Richtung Schweinfurt bis Fährbrück • Autobahn A 7 Würzburg-Fulda, Ausfahrt Gramschatzer Wald, weiter über Hausen nach Fährbrück*
Kirche: *Besondere Pilgergottesdienste und Führungen nach Vereinbarung*
Kontakt: *Augustinerkloster, Tel. 09367/90640, Fax 09367/906430*
E-Mail: *pfarrverband-faehrbrueck@bistum-wuerzburg.de*
Einkehr: *Gaststätte Hubertusklause (gegenüber der Kirche): Tel. 09367/90700*
Sehenswert: *Schlosskirche und -garten in Werneck, Klosterkirche in Maidbronn (Riemenschneider-Altar)*

Entwicklung Weil der Strom der Wallfahrer immer stärker anwuchs, erwies sich die Kirche in Fährbrück schon bald nach dem Neubau als zu klein. Deshalb musste sie noch im Jahr der Weihe vergrößert werden. Zur Förderung der Wallfahrt entstand eine Skapulierbruderschaft, der einige tausend Mitglieder angehörten. Durch die große persönliche Förderung des Fürstbischofs Johann Gottfried von Guttenberg kam es in der Blütezeit der Fährbrücker Wallfahrt zu einem Neubau der Wallfahrtskirche, die schon bald zu klein wurde. In den Jahren 1685 bis 1697 entstand die heutige große Wallfahrtskirche zu »Unserer Lieben Frau von Fährbrück«.

Wallfahrtskirche Die imposante Kirche mit dem 58 Meter hohen Turm beeindruckt jeden, der sie inmitten einer fruchtbaren Landschaft aufragen sieht. Der mächtige barocke Bau entstand im Auftrag des Würzburger Fürstbischofs von Guttenberg und ist das Werk des italienischen Baumeisters Antonio Petrini, der in Würzburg auch das Stift Haug schuf. Die hoch aufragende Fassade ist durch zwei Geschosse klar gegliedert. An der Giebelsei-

Viele Votivgaben in der Kirche bezeugen die Wallfahrtsfrömmigkeit in der Barockzeit.

te empfangen den Besucher das Wappen des Fürstbischofs sowie Figuren von St. Wolfgang und St. Gregor. Der hohe, lichte Innenraum wird von einem Kreuzgratgewölbe zwischen breiten Gurten überdacht. Der Stuckmarmor an den Altären und an der Kanzel verleiht der Kirche eine barocke Prägung. Das Hochaltarbild Mariä Himmelfahrt flankieren vier Säulen und Figuren des hl. Johannes des Täufers und des hl. Gottfried. Der linke Seitenaltar zeigt die Enthauptung von St. Barbara, der rechte den Kirchenlehrer St. Gregor. Beachtenswert ist eine Darstellung der schmerzhaften Muttergottes. Das nach der Liturgiereform der 1960er-Jahre vom Gnadenaltar entfernte alte Gnadenbild von Peter Wagner aus dem Jahre 1798 befindet sich nach der Innenrenovierung von 2003 nunmehr unter der Orgelempore.

Wallfahrtsleben Die Seelsorge in der Wallfahrtskirche liegt seit 1880 in den Händen von Augustinermönchen, die auch einige Pfarreien im Pfarrverband betreuen. Das Interesse an der Wallfahrt ist bei den Gläubigen in den letzten Jahren wieder angestiegen. Viele Gruppen kommen mit dem Bus und feiern in der Kirche Gottesdienste. Die schöne Barockkirche lädt das ganze Jahr über Besucher zu Stille und Gebet ein.

Links: Das nach der Liturgiereform der 1960er-Jahre vom Gnadenaltar entfernte Marienbild von Peter Wagner aus dem Jahre 1798 befindet sich nun unter der Orgelempore.

Rechts: Die barocke Fassade der Wallfahrtskirche grüßt schon von weitem die Wallfahrer.

Wallfahrtsorte in Franken

9 Volkach: »Maria im Weingarten« auf dem Kirchberg

Ursprung Seit 1332 lebten auf dem Kirchberg vor den Toren der Stadt Volkach Beginen, eine halbklösterliche Frauengemeinschaft. Um diese Zeit entstand auch die Wallfahrt zu einem Bild der schmerzhaften Gottesmutter. Nach dem Erlöschen der Beginengemeinschaft im Jahre 1412 übernahm eine Marienbruderschaft die Betreuung der Wallfahrer.

Anfahrt: *Autobahn A 3 Nürnberg-Würzburg, Ausfahrt Kitzingen/Schwarzach, über Schwarzach nach Volkach*
Kirche: *Besondere Pilgergottesdienste und Führungen nach Vereinbarung.*
Öffnungszeiten: *Montag bis Samstag von 9.30 bis 12 Uhr und 13.30 bis 17 Uhr, Mai mit September bis 18 Uhr, Sonn- und Feiertage von 10 bis 12 Uhr und 13.30 bis 17 Uhr. Dezember bis Februar geschlossen.*
Kontakt: *Kath. Pfarramt, Tel. 09381/2476, Fax 09381/4395*
Einkehr: *Gasthof Lamm, Tel. 09381/2443, Gasthof Zum Löwen, Tel. 09382/2406, Gasthof Rose, Tel. 09381/8400*
Sehenswert: *Vogelsburg: Volkach, Vogelsburg (Blick ins Maintal), Balthasar-Neumann-Kirche in Gaibach, Benediktinerkloster Münsterschwarzach*

Entwicklung In einer bischöflichen Urkunde aus dem Jahre 1500 wird eine Wallfahrt auf den Kirchberg »zur Ehre unserer lieben Frowen« erwähnt. Nach den Wirren und Schrecken des Dreißigjährigen Krieges, unter denen auch die Wallfahrt sehr zu leiden hatte, lebte die Wallfahrtsfrömmigkeit wieder auf. Dazu trug auch eine Rosenkranzbruderschaft bei. Im 18. Jahrhundert erlebte die Wallfahrt ihren Höhepunkt. In langen Prozessionen zogen die Wallfahrer aus ganz Franken zum Kirchberg hinauf, vorbei an Kreuzwegstationen und Bildstöcken aus spätgotischer Zeit. Nach der Säkularisation wurde es auch in der Kirche Maria im Weingarten ruhig. Erst in der Mitte des 19. Jahrhunderts lebte auch hier die alte Wallfahrtstradition wieder auf.

Wallfahrtskirche Die Wallfahrtskirche Maria im Weingarten zeichnet sich durch die herrliche Lage inmitten fruchtbarer Weingärten sowie durch zahlreiche Kunstwerke aus. Zur Kirche hinauf auf der Anhöhe eines Weinberges außerhalb der Stadt führt ein alter Wallfahrtsweg, der an den Passionsweg in Jerusalem erinnern soll. Der Bau der spätgotischen Kirche wurde in den Jahren zwi-

Der Mittelpunkt der Kirche ist die Rosenkranzmadonna von Tilman Riemenschneider.

Die spätgotische Wallfahrtskirche erhebt sich weithin sichtbar inmitten von Weinbergen auf dem Kirchberg.

schen 1450 und 1520 ausgeführt. Entgegen der ursprünglichen Planung wurde das Langhaus nicht als dreischiffige Halle gebaut und eine Holzkassettendecke eingezogen. Aus der Zeit der Entstehung der Kirche stammen ein reich verziertes steinernes Sakramentshaus sowie ein riesiges Fresko des hl. Christophorus, das bis an die Decke reicht (linke Langhauswand). Ein besonders schönes Werk der Spätgotik ist das Kruzifix (rechte Langhauswand). Die Enden der Kreuzesbalken tragen bildliche Symbole der vier Evangelisten. Die kostbarsten Schätze der Kirche sind das Gnadenbild der Schmerzhaften Mutter und Tilman Riemenschneiders »Maria im Rosenkranz«. Mittelpunkt der Wallfahrt ist seit dem 14. Jahrhundert das spätgotische Vesperbild über dem linken Seitenaltar, das Werk eines unbekannten Meisters um 1370. Die Rosenkranzmadonna, geschnitzt aus Lindenholz, übertrifft jedoch die Pietà an künstlerischem Rang. Sie ist das Werk des großen Würzburger Bildhauers Tilman Riemenschneider, der 1521 den Auftrag erhielt. Es war seine letzte Mariendarstellung. Der Mittelpunkt der Rosenkranzmadonna ist Maria mit dem Kinde, umrahmt von aufblühenden Rosen und Engeln. Medaillons stellen Szenen aus dem Marienleben dar.

Wallfahrtsleben Wenn »Maria im Weingarten« in den Sommermonaten alljährlich Touristenströme über sich ergehen lassen muss, wenn Kunstinteressierte das Gotteshaus zuhauf besichtigen, ist man in Sorge um den Fortbestand der Wallfahrt. Doch nach alter Tradition kommen noch immer viele Fußwallfahrergruppen zum Marienheiligtum inmitten der Weinberge, besonders in den Bitttagen von Christi Himmelfahrt bis Pfingsten. Zu jeder Jahreszeit trifft man in dieser herrlichen Kirche, die der Massentourismus entdeckt hat, immer wieder Beter vor dem Gnadenbild.

Das Gnadenbild wird umrankt von einem Kranz mit aufblühenden Rosen. Medaillons veranschaulichen die Rosenkranzgeheimnisse.

Wallfahrtsorte in Franken

10 Dettelbach: »Maria im Sand« inmitten von Weingärten

Ursprung Vor den Toren der Stadt Dettelbach, inmitten von Weingärten, stand einst ein Bildstock mit einem Bild der Schmerzhaften Mutter. An dieser Stelle wurde die spätere Wallfahrtskirche errichtet. Nach einer Sage kam es durch folgenden Vorfall dazu: Der Häcker Nikolaus Lemmer, der bei einer Kirchweihschlägerei schwer verletzt wurde, hatte im Traum eine Vision: Er solle mit einer Kerze nach Dettelbach zu einem dort stehenden Bildstock gehen, um wieder gesund zu werden. Als er wirklich geheilt wurde, begab er sich zum Rat der Stadt, der sich 1505 entschloss, über dem Bildstock einen kleinen Betraum zu errichten.

> **Anfahrt:** *Autobahn A9/A3 München-Würzburg, Ausfahrt Kitzingen-Schwarzach, weiter in Richtung Schwarzach, bei Stadtschwarzach nach Dettelbach • Autobahn A 7 Ulm-Würzburg bis Biebelsrieder Kreuz, hier Autobahn A 3 in Richtung München bis Ausfahrt Kitzingen-Schwarzach, weiter in Richtung Schwarzach, von Stadtschwarzach nach Dettelbach*
> **Kirche:** *Besondere Pilgergottesdienste und Führungen nach Vereinbarung*
> **Kontakt:** *Franziskanerkloster, Tel. 09324/917118, Fax 09324/917120*
> **Einkehr:** *Zum Franziskaner, Tel. 09324/973030,*
> *Zum Engel Tel. 09324/2452, Zum Hirschen, Tel. 09324/1436,*
> *Alte Schmiede, Tel. 09324/98110, Bacchus, Tel. 09324/778,*
> *Grüner Baum, Tel. 09324/97230*
> **Sehenswert:** *Altstadt von Dettelbach, Kloster Münsterschwarzach, evang. Kloster Schwanberg*

Entwicklung In den Wirren der Reformationszeit drohte die noch junge Wallfahrt zur Schmerzhaften Mutter in Vergessenheit zu geraten. Doch bereits Anfang des 17. Jahrhunderts erlebte sie durch den Würzburger Fürstbischof Julius Echter eine neue Belebung. Die Wallfahrt wuchs so stark an, dass er einem neu gegründeten Franziskanerkloster die Seelsorge übertrug. In großem Enthusiasmus ließ er einen Kirchenbau in historisierendem Stil mit gotischen Stilelementen, im so genannten »Julius-Stil«, errichten. Das Wappen des Fürstbischofs wurde über dem Portal der Kirche angebracht.

Nach den Schrecknissen des Dreißigjährigen Krieges lebte in Dettelbach die einstige Begeisterung für die Wallfahrt wieder auf. Wenn auch in der Zeit der Aufklärung und Säkularisation viele Franziskaner das Kloster verließen, kam die Wallfahrt nicht zum Stillstand. Nach 1826 erlebte sie eine neue Blüte.

Das Gnadenbild, eine Pietà um 1500

Die Wallfahrtskirche zeigt deutlich den historisierenden Echter-Stil. Besonders eindrucksvoll ist ein Renaissanceportal an der Westfassade.

Wallfahrtskirche Das Wappen über dem hoch aufragenden, fürstlich wirkenden Portal erinnert an den Stifter dieser Kirche, den Fürstbischof Julius Echter. Das Relief darüber zeigt die anbetenden Heiligen Drei Könige. Den krönenden Abschluss bildet Maria mit dem Kind, flankiert von St. Kilian und St. Augustin. Baubeginn der in Kreuzform angelegten Kirche war im Jahre 1611. Den formenreichen, verspielt wirkenden, freistehenden Gnadenaltar in der Mitte des Baues schuf Augustino Bossi, ein letzter Höhepunkt des späten Rokoko. Über den vier Altarnischen erhebt sich ein Baldachin aus Stuckmarmor. Das Gnadenbild in der Mitte des Altars ist eine Pietà aus der Zeit um 1500. Ein weiteres Kleinod der Kirche ist die Kanzel mit dem Motiv der Wurzel Jesse mit ihren vielen Figuren aus dem Alten und Neuen Testament, ein Gemeinschaftswerk meist unbekannter Meister. Über dem Flügelaltar aus dem späten 16. Jahrhundert hängt eine Kreuzigungsgruppe aus der Riemenschneider-Schule.

Das kleine Gnadenbild ist der Mittelpunkt des zentralen Gnadenaltars. Die Pietà zeigt Maria mit dem Leichnam des göttlichen Sohnes auf ihrem Schoß.

Wallfahrtsleben In der Wallfahrtskirche finden sich das ganze Jahr hindurch Besucher zum stillen Gebet ein. Von Mai bis in den späten Herbst hinein ist die Gnadenstätte das Ziel von Wallfahrern, die in Bussen, zunehmend aber auch zu Fuß, nach Dettelbach pilgern. Nach alter fränkischer Tradition werden die meisten Wallfahrergruppen von Blasmusikanten begleitet. Höhepunkte im Wallfahrtsjahr sind die Feste Mariä Himmelfahrt (15. August), Mariä Geburt (8. September) und Mariä Schmerzen (15. September), das Patrozinium der Kirche.

Wallfahrtsorte in Franken

11 Würzburg: Käppele, das fränkische Wallfahrtskleinod

Ursprung Der Ursprung der Wallfahrt liegt nach der Überlieferung im Jahr 1640, als der Sohn eines Fischers in einem Bildstock auf dem Nikolausberg eine kleine holzgeschnitzte Pietà, eine Figur der Gottesmutter mit dem toten Sohn auf dem Schoß, aufstellte. Als Wunderheilungen bekannt wurden, entstand eine kleine Wallfahrt. Deshalb erbaute man eine kleine hölzerne Kapelle, die mehrmals erweitert werden musste.

Anfahrt: *Autobahn A 9/3 München-Würzburg, Ausfahrt Würzburg-Heidingsfeld, Bundesstraße 19 nach Würzburg, Mergentheimer Straße, Löwenbrücke, Käppele • in Würzburg mit Bus Linie 35 Sanderring – Käppele – Frankenwarte*
Kirche: *Besondere Pilgergottesdienste und Führungen nach Vereinbarung*
Kontakt: *Kapuzinerkloster, Tel. 0931/7 26 70, Fax 0931/784 38 72,*
E-Mail: *wuerzburg@kapuziner.org*
Einkehr: *Nikolaushof (oberhalb des Käppele), Tel. 0931/79 75 00, Schützenhof (10 Min. Fußweg), Tel. 0931/7 24 22*
Sehenswert: *Würzburg: Kirchen, Residenz*

Entwicklung Von Einfluss auf die Entwicklung der Wallfahrt war ein Ereignis aus dem Jahre 1685. Damals hörten Offiziere und Wachtposten des gegenüberliegenden Marienberges nachts ein Glöcklein läuten. Zudem erschien ein nächtliches Lichtsignal. Daraufhin verlangte das Volk eine Vergrößerung der Kapelle, was aber der Fürstbischof verhindern wollte. Als aber in den folgenden Jahren mehrmals brennende Fakkeln um die Kapelle zu sehen waren, wurde der Ruf nach einer Erweiterung immer lauter. 1690 wurde endlich das Vorhaben genehmigt. Nun nahm der Andrang der Wallfahrer beträchtlich zu. Der wachsende Wallfahrerstrom ließ den Plan für den Bau einer neuen Kirche reifen. Als Baumeister konnte man Balthasar Neumann gewinnen. Die alte Gnadenkapelle sollte vom Neubau aber unberührt bleiben. Nach der Säkularisation lebte die Wallfahrt bald wieder auf.

Größte Gefahr drohte dem Wallfahrtsheiligtum in den letzten Tagen des Zweiten Weltkrieges: Am 8. April 1945 sollte die Kirche von deutschen Truppen beschossen werden, was aber durch die Befehlsverweigerung eines Offiziers verhindert wurde.

Das Gnadenbild, eine Pietà, um 1640, umrahmt von zwei Engeln

Das Käppele, der doppeltürmige Zentralbau von Balthasar Neumann mit der Gnadenkapelle, prägt die Würzburger Stadtlandschaft und ist ein zierliches Gegenstück zur Festung auf dem Marienberg.

Wallfahrtskirche Die Wallfahrtskirche ist eines der Meisterwerke seines Erbauers Balthasar Neumann, der hier auf dem Nikolausberg einen architektonischen Gegenpol zur Würzburger Residenz schaffen wollte. Dabei gelang es ihm, Landschaft und Architektur genial zu vereinen. Der Grundstein für die Kirche wurde 1748 gelegt. Neumann gelang ein zentraler Kuppelbau, der im Norden von den beiden Türmen der Fassade überragt wird. Sie bilden zusammen mit der Laterne der Kuppel einen harmonischen Dreiklang. Die Feierlichkeit des hohen, lichten Kirchenraumes erhöhen Fresken von Matthäus Günther und der Stuck von Johann Michael Feichtmayr aus Wessobrunn. Architektonischer Mittelpunkt der Kirche ist der Altarraum mit dem Hochaltar, der erst sehr viel später fertig gestellt würde. Sonst aber ist die ganze Kirche ein jubelnder Akkord des Rokoko. Gegenüber der Kanzel öffnet sich nach Osten das eigentliche Wallfahrtszentrum, die etwas erhöhte Gnadenkapelle. Es handelt sich dabei um einen Neubau aus dem Jahre 1778. Die Stuckdekoration stammt von Materno Bossi. Das Fresko, ein spätes Werk von Matthäus Günther, zeigt Maria als apokalyptisches Weib mit dem göttlichen Kind. Das Gnadenbild (um 1640) ist wie in vielen fränkischen Wallfahrtskirchen ein Vesperbild: Die kleine Holzplastik befindet sich in einem Schrein über dem Altar. Die Wallfahrtsgeschichte dokumentieren im Mirakelgang an der Südseite der Kapelle viele Votivbilder und Wachsvotive, so Wickelkinder und bekleidete Wachspuppen.

Neben dem Mirakelgang weist eine Kopie des Altöttinger Gnadenbildes auf den großen altbayerischen Wallfahrtsort hin, der ebenfalls von Kapuzinern betreut wird.

Wallfahrtsleben Das Käppele ist bis heute das marianische Zentrum Würzburgs und darüber hinaus auch Mainfrankens. Das ganze Jahr über, auch außerhalb der großen Wallfahrtszeiten, finden sich in der Gnadenkapelle Beter, die von der Stadt auf dem Stationenweg heraufkommen. Zwischen Mai und Oktober kommen alljährlich nach alter Tradition viele Pfarreien aus dem Würzburger Umland zum geliebten Käppele. Höhepunkte im Wallfahrtsjahr sind alle Marienfeste, besonders Mariä Himmelfahrt am 15. August.

Wallfahrtsorte in Franken

12 Großheubach: St. Michael auf dem Engelberg über dem Main

Ursprung Wie es zur Wallfahrt auf dem Engelberg kam, ist historisch nicht belegt. Möglicherweise geht sie auf eine heidnische Kultstätte auf dem nahen Reulesberg zurück, die unter dem Einfluss des Christentums dem Erzengel Michael, dem Kämpfer gegen die alten Götter, geweiht wurde. Um 1300 entstand auf der Anhöhe über Großheubach eine Holzkapelle, die Michaelskapelle, in der bald ein Marienbildnis, ein Bildstock, verehrt wurde. Allmählich entwickelte sich eine Wallfahrt zum Erzengel Michael und zur Gottesmutter. Als Gebetserhörungen bekannt wurden, errichtete man eine steinerne Kapelle und schließlich eine Kirche.

Anfahrt: *Autobahn A 3 Würzburg-Frankfurt, Ausfahrt Wertheim, über Wertheim und Miltenberg nach Großheubach, von hier zum Kloster Engelberg*
Kirche: *Besondere Pilgergottesdienste und Führungen nach Vereinbarung*
Kontakt: *Franziskanerkloster, Tel. 0 93 71/94 89 40, Fax 0 93 71/9 48 94 29*
Einkehr: *Klosterschänke (eigene Brauerei), Tel. 0 93 71/9 48 94 20*
Sehenswert: *Mainschleife, Miltenberg, Wertheim, Amorbach, Schloss Mespelbrunn*

Entwicklung 1630 beauftragte der Mainzer Erzbischof und Kurfürst Anselm Kasimir von Wambold die Kapuziner mit der Wallfahrt und ließ ihnen ein Kloster erbauen. Nach der Säkularisation übertrug König Ludwig I. das Kloster und die Wallfahrt den Franziskanern. Nun wurde der Engelsberg zu einem bedeutenden Gnadenort im westlichen Teil der Diözese Würzburg. Pilger aus dem Rheinland, aus Hessen, Baden und Bayern kamen nunmehr zu diesem Wallfahrtsort am Rand des Spessart. Bis in unsere Tage ist der Engelberg ein beliebter Wallfahrtsberg im fränkischen Raum.

Wallfahrtskirche Wo heute die Wallfahrtskirche steht, entstand Ende des 13. Jahrhunderts eine Kapelle zu Ehren von St. Michael, wo auch eine Marienstatue verehrt wurde. Als 1630 die Kapuziner die aufblühende Wallfahrt übernahmen, wurde die im 15. Jahrhundert erbaute erste Kirche erweitert und eine Marienkapelle geschaffen. Ihre jetzige Gestalt erhielt die Kirche erst sehr spät, im Jahre 1899, als das Langhaus nochmals verlängert wurde. Von Großheubach führt der »Staffelweg« in 612 steinernen Stufen, den »Engelstaf-

Das Gnadenbild ist eine bunt gefasste Holzplastik aus dem frühen 14. Jahrhundert.

feln«, den Engelsberg hinauf. Den steilen Weg säumen sechs Kapellen mit Szenen aus dem Leiden Jesu. Über dem Portal der Kirche erinnern ein Steinrelief Maria mit dem Kind und darüber eine Michaels-Statue an die Patrone der Kirche. Das kleine Kirchenschiff ist hell und freundlich, durch den Anbau der Antonius- und Marienkapelle erhält es eine kreuzförmige Grundform. Der Hochaltar aus dem Jahr 1909 weist auf das Patrozinium des Erzengels Michael hin. Der linke Seitenaltar ist in franziskanischer Tradition dem hl. Franziskus geweiht. In der Marienkapelle auf der rechten Seite des Langhauses befindet sich das Herzstück der Wallfahrtskirche, das Gnadenbild der freudenreichen Muttergottes: Maria hält mit der linken Hand das Kind, mit der rechten Hand das Zepter. Die bunt gefasste Holzplastik stammt aus dem frühen 14. Jahrhundert.

Links: Die beliebte Wallfahrtskirche hoch über den Weinbergen.

Rechts: Die Wallfahrtskirche auf dem Engelberg ist dem Erzengel Michael geweiht. Darauf weist das Hochaltarbild hin.

Wallfahrtsleben Der Engelberg ist auch in unseren Tagen das Ziel von Wallfahrern aus der Umgebung, die nach alter Tradition oft zu Fuß kommen. Große Gruppen aus dem fränkischen und hessischen Raum pilgern zu diesem Gnadenort, zu dem neben dem Kloster auch eine eigene Brauerei gehört. Zu den treuesten Wallfahrern zählt eine große Gruppe aus Köln.
Eine Wallfahrergruppe kommt jedes Jahr mit dem Schiff. Besondere Höhepunkte im Wallfahrtsjahr sind das Fest Mariä Himmelfahrt (15. August) sowie das Patrozinium St. Michael (29. September).

Wallfahrtsorte in Franken

13 Gößweinstein: Wallfahrtsjuwel in der Fränkischen Schweiz

Anfahrt: *Autobahn A 9 Nürnberg-Bayreuth, Ausfahrt Pegnitz, Bundesstraße 470 über Pottenstein nach Gößweinstein • Autobahn A 73 Nürnberg-Bamberg, Ausfahrt Forchheim-Süd, Bundesstraße 470 über Ebermannstadt nach Gößweinstein*
Kirche: *Besondere Pilgergottesdienste und Führungen nach Vereinbarung*
Kontakt: *Kath. Pfarramt, Tel. 092 42/2 64, Fax 092 42/18 33 oder Franziskanerkloster, Tel. 092 42/9 91 00*
Einkehr: *Scheffel-Gasthof, Tel. 092 42/2 01, Fax 092 42/73 18*
Sehenswert: *Burg Gößweinstein, Wiesenttal, Pottenstein, Altstadt von Forchheim*

Ursprung Da im Dreißigjährigen Krieg alle Akten über Gößweinstein verloren gingen, lassen sich zum Ursprung der Wallfahrt zur Heiligsten Dreifaltigkeit keine genauen Angaben machen. Obgleich man einer alten Überlieferung nach als Anfang der Wallfahrt das Jahr 1240 annimmt, kann die Entwicklung nur bis in das 15. Jahrhundert zurückverfolgt werden. Zum Aufleben der Wallfahrt mögen auch Kriegs- und Pestjahre in der Mitte des 15. Jahrhunderts beigetragen haben. Nach der Legende entstand die Wallfahrt 934 zur Zeit Heinrichs I.

Entwicklung Als in der ersten Hälfte des 16. Jahrhunderts die Dreifaltigkeitsverehrung in Deutschland zunahm, kamen immer mehr Pfarreien aus der Umgebung zum mittelalterlichen Dreifaltigkeits-Gnadenbild. Bedeutend gefördert wurde die Wallfahrt in dieser Zeit durch einen Ablass, den Papst Julius II. Gößweinstein gewährte. Nach dem Dreißigjährigen Krieg war der Wallfahrerstrom schon so groß, dass man Dominikaner, Franziskaner und Kapuziner aus Bamberg zur Unterstützung der Geistlichen nach Gößweinstein rufen musste. Im 18. Jahrhundert erreichte die Wallfahrt ihren Höhepunkt. Um die erfreuliche Entwicklung zu unterstützen, ließ der Bamberger Fürstbischof Lothar Franz von Schönborn den Kapuzinern ein Kloster bauen. Die große Beliebtheit der Wallfahrt schuf auch die Voraussetzungen für den Neubau der Wallfahrtskirche, für den 1730 der Grundstein gelegt wurde.

Der lichtdurchflutete Innenraum der beliebten fränkischen Wallfahrtskirche

Links: Die imposante Fassade der Wallfahrtsbasilika ist das Wahrzeichen des Ferienortes in der Fränkischen Schweiz.

Rechts: Der Mittelpunkt der nach Plänen von Balthasar Neumann erbauten Kirche ist der Hochaltar mit dem Gnadenbild, das die Krönung Mariens durch die Dreifaltigkeit zeigt.

Wallfahrtskirche Die doppeltürmige Wallfahrtskirche ist das Wahrzeichen des Luftkurortes Gößweinstein. Sie trat an die Stelle der spätmittelalterlichen Kirche, die den Wallfahrerstrom nicht mehr fassen konnte. So entschloss man sich mit Unterstützung des neuen Fürstbischofs Friedrich Karl von Schönborn zu einem Neubau, der nach Plänen von Balthasar Neumann 1730 begonnen wurde. Der Wallfahrtsbasilika liegt als Idee das Glaubensgeheimnis der Heiligsten Dreifaltigkeit zugrunde. Mittelpunkt des Hochaltars von Johann Michael Küchel ist das spätgotische Gnadenbild, die Krönung Marie durch die Dreifaltigkeit. Darunter sind die Figuren Abraham und Melchisedech aus dem Alten Testament. Sie bilden zusammen mit dem Gnadenbild ein Dreieck, ebenso wie der prächtige Baldachinmantel des Hochaltars. Beide Dreiecke symbolisieren die Dreieinigkeit. Ein weiteres Dreieck entsteht durch Hochaltar, Marienaltar und Kreuzaltar. Die Mitte des Marienaltars ist eine Figur der Immaculata, der unbefleckten Jungfrau, flankiert von Joachim und Anna. Ein besonderes Meisterwerk der Kirche stellt die Kanzel dar.

Wallfahrtsleben Gößweinstein gehört heute neben Vierzehnheiligen zu den meistbesuchten Gnadenorten Frankens, vor allem des Bistums Bamberg. Zwischen Mai und Oktober gibt es keinen Samstag und Sonntag, an dem nicht Wallfahrergruppen nach einem Fußmarsch mit Blasmusik in die barocke Basilika einziehen. Höhepunkte im Wallfahrtsjahr sind das Patrozinium der Kirche am Dreifaltigkeitssonntag, Pfingsten und der Sonntag nach Kreuzerhöhung im September.

Die Wallfahrt wurde besonders gefördert durch Papst Julius II., den Erbauer der Peterskirche in Rom. Die Kirche wurde nach Plänen des Würzburger Hofbaumeisters Balthasar Neumann geschaffen, der auch die Wallfahrtskirche Vierzehnheiligen erbaute. Sein Werk ist auch die Würzburger Residenz.

Wallfahrtsorte in der Oberpfalz

14 Fahrenberg: Heiliger Berg der Oberpfalz

Ursprung Auf dem Fahrenberg, nahe der tschechischen Grenze gelegen, erhob sich bereits im Mittelalter eine Burg, das spätere Kloster. Hier errichtete um 1200 der Templerorden eine Kapelle und stellte darin ein Marienbild auf. Um es in den Glaubenskriegen des 15. Jahrhunderts in Sicherheit zu bringen, warf man es in einen Brunnen. Nach den Hussitenkriegen bauten die Zisterzienser von Waldsassen das Kloster wieder auf. Nach einem totalen Niedergang der Wallfahrt im Dreißigjährigen Krieg ließen die Herren von Waldthurn auf dem Fahrenberg eine Kapelle zu Ehren der Heiligen Dreifaltigkeit errichten, die für die wachsende Zahl der Pilger aber bald zu klein wurde. Deshalb entschloss man sich zu einem Neubau, der 1779 vollendet wurde. Fortan nahm die Wallfahrt einen großen Aufschwung.

Anfahrt: *Autobahn A 93 Regensburg-Weiden, Ausfahrt Wernberg-Köblitz, Bundesstraße 14/Autobahn D 5, Ausfahrt Pleystein, über Pleystein zum Fahrenberg*
Kirche: *Besondere Pilgergottesdienste und Führungen nach Vereinbarung*
Kontakt: *Kath. Pfarramt Waldthurn, Tel. 096 57/2 36, Fax 096 57/2 67,*
E-Mail: *Kath.Pfarramt-Waldthurn@t-online.de*
Einkehr: *Gasthaus Weig in Oberfahrenberg, Tel. 096 54/14 83, Gasthäuser in Vohenstrauß, Altenstadt und Pleystein*
Sehenswert: *Kreuzberg in Pleystein, Klosterkirche St. Felix in Neustadt a.d. Waldnaab, Wieskirche in Moosbach*

Entwicklung Der blühenden Wallfahrt zum Fahrenberg konnten auch Aufklärung und Säkularisation nichts anhaben. Deshalb wurde im Jahre 1818 feierlich das 600-jährige Wallfahrtsjubiläum begangen. Gedenkfeiern in den Jahren 1904 und 1954 gaben der Wallfahrtsfreudigkeit einen mächtigen Auftrieb. Nach dem Zweiten Weltkrieg wurde der Fahrenberg zu einer Stätte des Gebetes für den Frieden. Deshalb wurde auf dem Ostgiebel der Wallfahrtskirche eine in Kupfer getriebene, vergoldete Marienstatue, die so genannte Friedensmadonna, angebracht. Die Wallfahrer, die den Berg hinaufziehen, führt der Weg an drei Kapellen, zehn Bildstöcken und einer Kreuzigungsgruppe vorbei. 1959 entstand am Nordhang des Wallfahrtsberges eine große Halle, die 5000 Pilger fassen kann.

Auf dem Hochaltar ist das Gnadenbild, eine prachtvoll bekleidete spätgotische Madonna.

Wallfahrtskirche Wie gut sich die Wallfahrt zum Fahrenberg entwickelte, ist in einem Pfarrbericht aus dem Jahre 1816 festgehalten, in dem es heißt: »Im ganzen Königreich ist keine Wallfahrt berühm-

ter und weit und breit besuchter.« Im Nordosten der Oberpfalz, oberhalb von Waldthurn, erhebt sich inmitten einer kargen, waldreichen Landschaft auf einer Höhe von 801 Meter die Wallfahrtskirche Mariä Heimsuchung. Der 19 Meter hohe Turm mit dem Spitzhelm überragt die stattliche, äußerlich schlichte Kirche. Den wuchtigen Charakter des Baues, der 1779 vollendet wurde, betonen an den Innenwänden auf Sockeln stehende, überlebensgroße Figuren von Abraham, Moses, David, Melchisedech aus dem Alten sowie Josef und Johannes aus dem Neuen Testament. In den östlichen Ecken des Langhauses stehen die Seitenaltäre diagonal und lenken damit den Blick zum Hochaltar mit den Bildern von Gottvater und Mariä Himmelfahrt, die erst im 19. Jahrhundert entstanden. Der Mittelpunkt der Kirche ist auf dem Hochaltar das Gnadenbild, eine bekleidete, spätgotische Madonna, die, in ein helles barockes Kleid gehüllt, auf dem rechten Arm das göttliche Kind hält. Im Hals der Marienfigur steckt noch eine Kugel, wahrscheinlich aus der Schwedenzeit.

Links: Die Wallfahrtskirche entstand in den Jahren 1760–62 und wurde an der Stelle einer mittelalterlichen Burg errichtet.

Rechts: Modernes Wallfahrtsbild am Mesnerhaus

Wallfahrtsleben Der Fahrenberg hat auch in unserer Zeit nichts von seiner einstigen Bedeutung als Wallfahrtszentrum der Oberpfalz eingebüßt. Fußwallfahrer aus dem Grenzland, aus der Diözese Regensburg und dem fränkischen Raum ziehen von Waldthurn aus betend durch den dichten Fichtenwald, vorbei an Bächen und vermoosten Granitfelsen, hinauf zur Wallfahrtskirche inmitten einer grünen Wiese, auf der bei großen Festen auch der Wallfahrtsgottesdienst gefeiert wird. Bei schlechter Witterung wird er in die Wallfahrtshalle verlegt. Das Wallfahrtsjahr beginnt am 1. Mai und endet im Oktober. Bei den großen Festen gehören zur Wallfahrt auch Marktstände mit Angeboten zur körperlichen Stärkung und mancherlei Andenken.

Wallfahrtsorte in der Oberpfalz

15 Sulzbach-Rosenberg: Verehrung der hl. Mutter Anna

Ursprung Die Verehrung der hl. Mutter Anna lässt sich im Sulzbacher Raum bis in das 14. Jahrhundert zurückverfolgen. Die heutige Wallfahrt auf den Annaberg hat ihren Ursprung im Peutental, nordwestlich von Sulzbach, und entstand aus einer Einsiedelei, die im Jahre 1344 erstmals urkundlich erwähnt wird. Daneben stand eine der hl. Mutter Anna geweihte Kapelle, die das Ziel vieler Pilger war. 1438 betreute bereits ein Priester die Wallfahrer, die nach dem Chronisten »Im Vertrauen auf die Wunderkraft des Gnadenbildes« von weither kamen, um »Wachs und Flachs zu opfern«.

> **Anfahrt:** *Autobahn A 93 Regensburg-Weiden, Ausfahrt Schwandorf, Bundesstraße 85 nach Sulzbach-Rosenberg zum Annaberg • Autobahn A 6 Nürnberg-Amberg. Ausfahrt Sulzbach-Rosenberg, in Sulzbach-Rosenberg zum Annaberg*
> **Kirche:** *Besondere Pilgergottesdienste und Führungen nach Vereinbarung*
> **Kontakt:** *Kath. Pfarramt, Tel. 096 61/46 41, Fax 096 61/20 81*
> **Einkehr:** *Hotel Bayerischer Hof, Tel. 096 61/5 17 00,*
> *Gasthaus Sperber, Tel. 096 61/8 70 90,*
> *Gasthaus Zum Bartl, Tel. 096 61/5 39 51*
> **Sehenswert:** *Sulzbach-Rosenberg: erstes bayerisches Schulmuseum, Altstadt, Amberg: Mariahilfberg*

Entwicklung Mit Einführung der Reformation im Herzogtum Sulzbach fand die Wallfahrt nach Peutental ihr vorläufiges Ende. Kapelle und Einsiedelei verfielen, lediglich das Gnadenbild der »Mutter Anna Selbdritt« konnte gerettet werden. Als 1656, nach Ende des Dreißigjährigen Krieges, Herzog Christian August wieder zum katholischen Glauben übertrat, ließ er auf dem späteren Annaberg eine Kapelle bauen und darin das alte Gnadenbild aufstellen. Aufklärung und Säkularisation konnten der Wallfahrt auf dem Annaberg nicht viel anhaben. Nach dem Zweiten Weltkrieg hat die Wallfahrt dann endlich einen neuen Aufschwung bekommen, besonders durch Flüchtlinge aus Oberschlesien, die hier einen Ersatz für den Annaberg in der verlorenen Heimat fanden.

Wallfahrtskirche Die Wallfahrtskirche mit dem Chorraum von 1676 wurde in den letzten Jahren gründlich renoviert. Das Kirchenschiff wurde 1787 und abermals 1904 verlängert. Der Glockenturm mit Kuppel und Laterne stammt aus dem Jahre 1827. Die Innenausstattung der Kirche entstand zum großen Teil im 18. Jahrhundert. Der Wall-

Das Gnadenbild im Tabernakel ist eine Figur der Anna Selbdritt.

Wallfahrtskirche St. Anna auf dem Annaberg inmitten eines dichten Baumbestands

fahrtsmittelpunkt ist das kleine Gnadenbild über dem Tabernakel des Hochaltars. Es handelt sich dabei um ein spätgotisches Holzrelief aus dem frühen 16. Jahrhundert, eine St.-Anna-Selbdritt: Das Jesuskind sitzt auf dem Schoß Annas, Maria steht vor den beiden. Der Hochaltar hat reichen Rokokoschmuck. Das Altarbild zeigt ein seltenes Motiv: St. Anna unterrichtet Maria. Es wird flankiert von Figuren des hl. Josef, des hl. Johannes des Evangelisten und Zacharias sowie der hl. Elisabeth. Die Kanzel aus der Zeit um 1700 ist nach einer älteren Renaissancevorlage geschaffen und mit klassizistischen Zutaten ausgeschmückt. An der linken Seite stehen im Kirchenschiff an der Wand Figuren des hl. Johannes Nepomuk, der hl. Barbara, des hl. Wendelin und der hl. Elisabeth. An der rechten Seite befinden sich Figuren von St. Barbara, St. Sebastian und St. Jakobus. Das Deckengemälde mit St.-Anna-Selbdritt und Engeln ist aus jüngerer Zeit.

Seit 1754 führt von der Stadt Sulzbach ein Kreuzweg zur Annabergkirche hinauf. Die sandsteinernen Stationsbilder stellen wertvolle Volkskunst des späten Rokoko dar.

Wallfahrtsleben Der Annaberg ist auch in unseren Tagen eine sehr beliebte Wallfahrtsstätte. Nach alter Tradition ziehen viele Wallfahrtsgruppen von Sulzbach betend den Kreuzweg hinauf. Eine besondere Bedeutung gewann der Annaberg seit 1945 für die Schlesier, die hier an die Wallfahrtstradition in der verlorenen Heimat anknüpfen wollten. Das größte Ereignis im Wallfahrtsjahr ist alljährlich die St.-Anna-Festwoche im Juli mit zahlreichen Gottesdiensten in der Kirche und am Freialtar. Nach altem Brauch schließt sich an die kirchlichen Festlichkeiten ein weltlicher Teil an. Zahlreiche Wirtsbuden am Abhang des Berges sorgen für das leibliche Wohl der vielen Pilger.

16 Amberg: Wallfahrtsfrömmigkeit auf dem Mariahilfberg

Ursprung Als im Dreißigjährigen Krieg auch Amberg von der Pest heimgesucht wurde, gelobten die Bürger der Stadt 1634 auf dem Amberg, dem heutigen Mariahilfberg, eine Marienkapelle zu errichten. Die vielen Opfergaben der Wallfahrer ermöglichten es, nach einem Brand einen Neubau zum errichten, der Bau der heutigen Kirche. Das Zentrum der Kirche war eine Kopie des Passauer Mariahilfbildes, die in München angefertigt wurde.

Entwicklung Die seelsorgerische Betreuung der Wallfahrt wurde schon 1669, noch während der Planung für die heutige Kirche, den Franziskanern übertragen. Nach der Fertigstellung des Kirchenbaues im Jahre 1711 erlebte die junge Wallfahrt einen großen Aufschwung. Neben Wallfahrern aus der ganzen Oberpfalz kamen auch viele Fürsten, die wertvolle Votivgaben und Geschenke mitbrachten. In der Barockzeit wurden dem wundertätigen Gnadenbild viele Guttaten zugeschrieben, die von den Franziskanern in einem Mirakelbuch festgehalten wurden. Auch in den Wirren der Aufklärung und Säkularisation hielten die gläubigen Oberpfälzer ihrem Mariahilfberg die Treue, ebenso in der Zeit des Dritten Reiches. Heute ist der Mariahilfberg die bedeutendste Wallfahrtsstätte der Oberpfalz.

Anfahrt: *Autobahn A 93 Regensburg–Weiden, Ausfahrt Schwandorf, Bundesstraße 85 nach Amberg, dort rechts ab zum Mariahilfberg Bahnlinie München – Regensburg – Schwandorf – Amberg*
Kirche: *Besondere Pilgergottesdienste und Führungen nach Vereinbarung Da die Kirche erhöht liegt, brauchen Rollstuhlfahrer eine Hilfestellung beim Besuch.*
Kontakt: *Franziskanerkloster, Tel. 09621/37 60 60, Fax 09621/3 76 06 20, E-Mail: amberg@franziskaner.de*
Einkehr: *Berggasthaus, Tel. 09621/1 22 48*
Sehenswert: *Kath. Kirchen St. Georg und St. Martin, Schulkirche, alte Stadtbefestigung in Amberg, Altstadt in Nabburg und Schwandorf*

Wallfahrtskirche Der Mariahilfberg überragt mit seiner weithin sichtbaren Wallfahrtskirche die Stadt Amberg. Die Pläne für die Kirche stammen von Wolfgang Dientzenhofer aus der berühmten Baumeisterfamilie. Der 1697 begonnene Bau wurde 1711 eingeweiht. Im italienischen Barockstil erbaut, wirkt die Kirche schon von außen imposant, überragt von einem gedrungenen Turm mit einer stattlichen Zwiebelkuppel und einer Laterne. Eine weiträumige Treppenanlage führt zum Hauptportal hinauf. Im Mittelpunkt des von einem mächtigen Tonnengewölbe überspannten Raumes steht der prächtige Hochaltar mit dem Gnadenbild, eine Nachbildung des Mariahilf-

Das Innere der Kirche ist das Werk bedeutender Künstler des 17. und 18. Jahrhunderts, an ihrer Spitze Giovanni Battista Carlone und Cosmas Damian Asam.

Linke Seite: Das Gnadenbild ist eine Kopie des Passauer Mariahilfbildes.

bildes von Lukas Cranach. Dadurch wurde Amberg zu einem Zentrum der Mariahilfverehrung in Bayern. Kraftvolle Stuckaturen des Oberitalieners Giovanni Battista Carlone umranken das Tonnengewölbe mit weißen Girlanden, mit Fruchtgehängen und kleinen Figuren. In den Deckenfresken des hellen Kirchenraumes hat der junge Cosmas Damian Asam Szenen aus der Wallfahrtsgeschichte festgehalten.

Bei der Bergfestwoche sorgen Metzger und Bäcker für das leibliche Wohl der bis zu 100 000 Pilger.

Wallfahrtsleben Mariahilf wird das ganze Jahr hindurch von Wallfahrern besucht, die allein oder in Gruppen, zu Fuß oder mit PKW und Bus kommen. Höhepunkte im Wallfahrtsjahr sind alle Marienfeste, besonders aber die Woche, in die der 2. Juli mit dem Fest Mariä Heimsuchung, dem Patrozinium der Kirche, fällt. In dieser Bergfestwoche kommen auch heute noch viele Fuß-Wallfahrergruppen aus Oberpfälzer Pfarrgemeinden.

Eine große Freitreppe von 1895 führt zur Wallfahrtskirche mit der imposanten Fassade hinauf.

17 Trautmannshofen: Marienwallfahrt mit Kirchweih

Ursprung In Trautmannshofen, 600 Meter hoch gelegen, befand sich bereits um das Jahr 1380 eine kleine Kirche zu Unserer Lieben Frau. Im 15. Jahrhundert hatte sie, ähnlich wie in anderen Orten des ostbayerischen Grenzlandes, schwer unter den Hussiteneinfällen zu leiden. Nach einer Legende soll die Marienfigur aus dem Kirchlein dreimal von den bilderstürmenden Hussiten in ein Feuer geworfen worden sein. Auf wunderbare Weise sei sie jedes Mal in die Kirche zurückgekehrt. So kam das Gnadenbild zu dem Namen »Die unversehrte Mutter«.

> **Anfahrt:** *Autobahn A 3 Regensburg-Nürnberg, Ausfahrt Neumarkt i.d.Oberpfalz, Bundesstraße 299 bis Stieglitzenhöhe, weiter bis Trautmannshofen • Autobahn A 9 München-Nürnberg, Ausfahrt Altmühltal, über Beilngries nach Neumarkt i.d. Oberpfalz , Bundesstraße 299 bis Stieglitzenhöhe, weiter bis Trautmannshofen*
> **Kirche:** *Besondere Pilgergottesdienste und Führungen nach Vereinbarung*
> **Kontakt:** *Kath. Pfarramt, Tel. 09186/349, Mesner, Tel. 09186/595*
> **Einkehr:** *Gasthaus Schraml, Tel. 09186/452*
> **Sehenswert:** *Lautrachtal, Wallfahrtskirche Habsberg, Tropfsteinhöhle Velburg*

Entwicklung Das Wunder des zurückgekehrten Marienbildes ließ eine Wallfahrt entstehen, die aber 1544 bei der Einführung der Reformation zum Erliegen kam. In kalvinischer Zeit konnte das Gnadenbild gerade noch vor der Vernichtung bewahrt werden. Erst als der katholische Glaube im 17. Jahrhundert wieder Fuß fassen konnte und katholische Gottesdienste geduldet wurden, erinnerte man sich auch der Wallfahrt von Trautmannshofen. Der neue Zustrom der Wallfahrer aus dem weiteren Umland war so groß, dass der Bau einer neuen Kirche notwendig wurde, die 1667 eingeweiht wurde. Auf Veranlassung von Kurfürst Ferdinand Maria wurde sie Maria vom Siege geweiht. Doch bereits nach zehn Jahren entschied man sich abermals für einen Umbau. Nun nahm die Wallfahrt einen gewaltigen Aufschwung. Die neue Kirche wurde zum Mittelpunkt einer der bedeutendsten Wallfahrten der Oberpfalz. Abrupt zum Erliegen kam die blühende Wallfahrt durch Aufklärung und Säkularisation.

Wallfahrtskirche In ihrem Äußeren wirkt die Wallfahrtskirche schlicht und schmucklos. Der heutige Bau geht auf die Barockzeit zurück und erhielt 1691 seine kirchliche Weihe. Im Inneren zeigt die freundliche Kirche eine klare Konzeption: Der Raum wird durch massive Wandpfeiler gegliedert, zwischen denen Seitenkapellen eingeschlossen sind. Das Langhaus wird von einem mächtigen Tonnengewölbe überspannt. Am Bau waren auch die aus Oberbayern zugewanderten Gebrüder Dientzenhofer beteiligt, die u.a. auch in Amberg (Mariahilfkirche) und Waldsassen (Stiftskirche) wirkten. Für die Innenausstattung wurden

Die Pfarr- und Wallfahrtskirche erbauten die Brüder Dientzenhofer aus dem Inntal anstelle einer mittelalterlichen Kirche. Sie wurde 1651 eingeweiht. Das Langhaus wird von einem mächtigen Tonnengewölbe überspannt. Die Innenausstattung schufen Künstler der Oberpfalz. Das große Deckenfresko zeigt die Verherrlichung der Maria vom Siege. Das Gnadenbild ist auf dem rechten Seitenaltar in einem herzförmigen Schrein.

angesehene Künstler der Oberpfalz verpflichtet. Der Hochaltar, die Nebenaltäre in den Seitenkapellen und die Kanzel geben dem hellen Raum einen strengen Charakter. Aufgelockert wird der Kirchenraum durch graziös ausgeführte Deckenfresken des Münchner Hofmalers Johann Michael Wild, die zusammen mit den Altären ein Loblied auf Maria, die Königin vom Siege, sein wollen. Im Zentrum des Deckengemäldes ist das marianische Gnadenbild: Zu Füßen Mariens befinden sich die Erdkugel und allegorische Darstellungen der vier Erdteile (Australien war zu dieser Zeit noch nicht entdeckt). Rund um das Gnadenbild hat der Künstler die Geschichte der Wallfahrt Trautmannshofen anschaulich festgehalten. In der Mitte des Hochaltars befindet sich ein Bild mit der Himmelfahrt Mariens, eine Kopie von Guido Murillo aus dem Jahre 1874. Der Mittelpunkt des rechten Seitenaltars ist das Gnadenbild der Kirche: die unversehrte Gottesmutter mit dem Jesuskind.

Votivbild aus dem Jahre 1685

Wallfahrtsleben Die Trautmannshofer Wallfahrt hat bis heute nichts von ihrer Beliebtheit eingebüßt. Seit über 300 Jahren ziehen Wallfahrer von nah und fern zu dem vertrauten Gnadenbild. Der Höhepunkt des Wallfahrtsjahres ist jeweils das Patrozinium der Kirche am Fest Mariä Namen, die Trautmannshofener Kirchweih, die nach dem 12. September gefeiert wird. Dabei zeigt die Trautmannshofener Wallfahrt neben ihrem religiösen auch ein recht weltliches Gesicht: Nach dem vormittäglichen Gottesdienst zieht es die Wallfahrer zum beliebten Jahrmarkt, der sich in den Straßen, Gärten und Wiesen rund um die Kirche ausbreitet.

18 Habsberg: »Maria, Heil der Kranken« auf einsamer Jurahöhe

Ursprung Ende des 17. Jahrhunderts vernahm ein Amtspfleger, der an Gicht litt und nicht mehr gehen konnte, nachts eine Stimme, die ihn aufforderte, für eine Muttergottesfigur in seinem Schlafzimmer auf dem Habsberg eine Kapelle zu errichten. Diesem Auftrag folgend, ordnete er im Jahr 1680 den Bau eines Gotteshauses an. Nach Fertigstellung ließ sich der Pfleger zur Kapelle tragen und erlangte Heilung von seinem Leiden.

Anfahrt: *Autobahn A 93/3 München-Nürnberg, Ausfahrt Neumarkt i.d.Opf., Richtung Neumarkt zur Bundesstraße 299 bis Lauterhofen, über Engelsberg nach Habsberg • Autobahn A 93 Regensburg-Weiden, Ausfahrt Schwandorf, Bundesstraße 85 in Richtung Amberg, Autobahn A 6 Amberg Ost bis Amberg West, Bundesstraße 299 bis Lauterhofen, über Engelsberg nach Habsberg*
Kirche: *Besondere Pilgergottesdienste und Führungen nach Vereinbarung*
Kontakt: *Diözesanjugendhaus, Tel. 09186/2 82, Fax 09186/6 30,*
E-Mail: *habsberg@bistum-eichstaett.de*
Einkehr: *Wallfahrtsgaststätte, Tel. 09186/90 96 61*
Sehenswert: *Tropfsteinhöhle bei Velburg, Wallfahrtskirche Freystadt, Schwandorf, Amberg, Altmühltal*

Entwicklung Auf das erste Mirakel folgten rasch andere Wunder, die die Anziehungskraft des Wallfahrtsortes erhöhten. Durch den großen Zulauf sah man sich schon bald gezwungen, eine größere Kapelle zu errichten. 1743 konnten bereits 20 000 Wallfahrer gezählt werden. Deshalb entschloss man sich 1760 zum Bau der heutigen Wallfahrtskirche, nach Plänen des Münchner Hofmaurermeisters Leonhard Matthäus Gießl ganz im Stil des Rokoko. Wie bei den meisten Wallfahrtsorten kam es auch in Habsberg durch Aufklärung und Säkularisation zu einem spürbaren Rückgang. In der Mitte des 19. Jahrhunderts erlebte die Wallfahrt jedoch einen neuen Aufschwung. Nach dem Ersten Weltkrieg fanden auf dem Habsberg große Wallfahrtstreffen statt.

Wallfahrtskirche Die weithin sichtbare Kirche auf dem Habsberg wurde in den Jahren 1760 bis 1769 von einheimischen Baumeistern und Künstlern erbaut. Der 37 Meter hohe Turm mit seiner doppelten Zwiebelhaube überragt deutlich Langhaus und Chor. Das Zentrum des hellen Kirchenraumes, ausgestattet mit reichem Rokokodekor, ist am Hochaltar ein Bild von Maria als Immaculata: In dem großen, von Engeln umrahmten Mittelschrein schwebt sie in den Himmel. Das Fresko des Chors stellt den Besuch Mariens bei Elisabeth dar. In Größe und Pracht wird es noch übertroffen vom Deckengemälde des Langhauses, einem Lobpreis auf »Maria, das Heil der Kranken« (salus infirmorum): Neben Kranken und Geheilten ziehen Pilgerscharen den Berg hinauf. Rokokostuck überzieht Decke

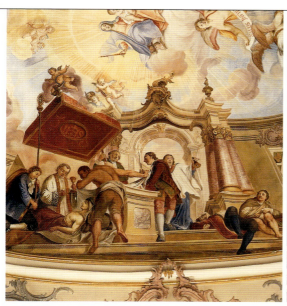 

und Wände. Die Kanzel besticht durch reichen Schmuck mit Rokokoornamenten und 14 Engelsfiguren. Durch gelungene Restaurierungen wurden ursprüngliche Farbigkeit und Glanz der beliebten Wallfahrtskirche auf dem Berg wieder zurückgewonnen. Zahlreiche Votivbilder erinnern an die gläubige Verehrung des Gnadenbildes »Heil der Kranken« in Vergangenheit und Gegenwart.

Links: Ausschnitt aus dem gewaltigen Deckenfresko von Johann Michael Wild aus dem Jahre 1764: Ein Priester reicht einem Kranken die Kommunion.

Rechts: Das Gnadenbild ist das Zentrum der Wallfahrtskirche: die Madonna mit dem Kind als Heil der Kranken

Wallfahrtsleben Habsberg ist heute ein viel besuchter Gnadenort. In den letzten Jahren erlebte die Wallfahrt einen Aufschwung. Pilgergruppen aus der näheren und weiteren Umgebung erinnern sich wieder ihrer alten Wallfahrtstradition. Höhepunkte im Wallfahrtsjahr ist das Patrozinium am Fest Mariä Himmelfahrt (15. August), das mit einem großen Bergfest verbunden ist. In unmittelbarer Nähe der Wallfahrtskirche entstand 1976/77 das »Diözesanjugend- und Tagungshaus Habsberg«. Durch die Verbindung von Wallfahrtskirche und diözesaner Bildungsstätte finden viele Menschen einen Zugang zur Wallfahrt auf dem Habsberg.

Unten: Die weithin sichtbare Kirche auf dem höchsten Wallfahrtsberg der westlichen Oberpfalz (621 m)

19 Neumarkt i.d. Oberpfalz: auf altem Wallfahrerweg zum Mariahilfberg

Ursprung Nach der Vision eines Kapuziners aus Neumarkt wurde um 1680 auf dem Berg nahe der Stadt eine Kreuzigungsgruppe aufgestellt und eine Grabkapelle als Nachbildung der Grabkammer Christi gebaut. Bald ließ sich auf dem Kalvarienberg ein Eremit in einer Klause nieder. 1687 errichtete man eine Marienkapelle aus Holz. Hier stellte man eine Kopie des berühmten Passauer Marienbildes von Lukas Cranach auf, die der bayerische Kurfürst Max Emanuel den Kapuzinermönchen von Neumarkt geschenkt hatte.

Anfahrt: *Autobahn A 3 Regensburg-Nürnberg, Ausfahrt Neumarkt i.d. Oberpfalz, Bundesstraße 299a nach Neumarkt • Autobahn A 9 München-Nürnberg, Ausfahrt Altmühltal, Bundesstraße 299 Beilngries, Neumarkt*
Kirche: *Besondere Pilgergottesdienste und Führungen nach Vereinbarung*
Kontakt: *Wallfahrtsleitung: Tel. 09181/47600, Fax 09181/476015*
Einkehr: *Höhenberg: Gasthaus Nißlbeck, Tel. 09181/32536, Gasthaus Schönblick, Tel. 09181/32712, Gasthaus Almhof, 08181/32584*
Sehenswert: *Burgruine Wolfstein, Residenzplatz Neumarkt, Wallfahrtskirche Habsberg, Freystadt, Amberg*

Entwicklung Begünstigt durch aufbrechende Mariahilfbegeisterung, die neben Passau, München und Amberg in Neumarkt eines ihrer Zentren hatte, stieg die Zahl der Pilger, die das Gnadenbild in der einfachen Holzkapelle verehrten, beträchtlich an. Und damit nahmen auch die Opfergaben zu, die den Kapuzinern übergeben wurden.

So wurde auch die finanzielle Voraussetzung für den Bau einer großen Marienkirche geschaffen, die dem Ansturm der Wallfahrer gewachsen sein sollte. Bestärkt wurde der Rat der Stadt Neumarkt in seinem Beschluss durch ein Gelübde, das die Bürger während einer der zahlreichen Seuchen abgelegt hatten. Trotz vieler Widerstände und jahrelanger Streitigkeiten um die Bauausführung konnte die neue Kirche nach achtjähriger Bauzeit im Jahre 1725 eingeweiht werden. Die Fertigstellung des Kirchenbaues gab der Wallfahrtsfrömmigkeit einen weiteren Auftrieb. Nach der Aufhebung des Kapuzinerklosters 1802 übernahmen weltliche Geistliche die Wallfahrtsseelsorge. Heute betreuen Redemptoristenpatres die Wallfahrt.

Das Gnadenbild am Hochaltar nach dem Vorbild des Passauer Mariahilfbildes ist ein Geschenk von Kurfürst Max Emanuel von Bayern an das Neumarkter Kapuzinerkloster.

Ein kunstvolles Gitter schließt den Kirchenraum ab.

Wallfahrtskirche Inmitten eines dichten Baumbestandes erhebt sich die prächtige Kirche 159 Meter über der Stadt Neumarkt, von der ein Wallfahrtsweg heraufführt. Im Gegensatz zu anderen Barockkirchen wirkt die Fassade des Gotteshauses recht schlicht, dafür prunkt das Innere umso mehr: Der Vorraum ist reich mit Stuck verziert, eine Votivtafel erinnert an den Tod des letzten Einsiedlers. Der Innenraum der Kirche beeindruckt durch sein reiches Rokokodekor. Eine flache Decke überspannt das Langschiff. Glanzstück der Kirche ist die Kanzel mit den vier Evangelisten am Kanzelkorb. Elegant halten kleine Stuckputten einen Brokatstoff über dem Schalldeckel. Mittelpunkt der Kirche ist der Hochaltar von dem Neumarkter Bildhauer Ulrich Wiest. In der Mitte des Altars befindet sich das Gnadenbild, eine Kopie des Marienbildes von Cranach, umrahmt von den Assistenzfiguren von Mariens Eltern, Joachim und Anna. Die beiden Seitenaltäre – links mit einer Darstellung Christi bei der Annagelung an das Kreuz, rechts mit der Beweinung durch seine Mutter – stehen der Rokokopracht des Hochaltars kaum nach.

Am Anfang der Wallfahrt auf dem Mariahilfberg stand ein Kalvarienberg mit einem Kreuzweg und einer Heilig-Grab-Kapelle. Der große Zustrom von Wallfahrern machte den Bau einer geräumigen Kirche notwendig, die von 1718 bis 1727 nach den Plänen eines Kapuzinerpaters errichtet wurde.

Wallfahrtsleben Wenn auch nur noch wenige Fußwallfahrer zum Mariahilfberg kommen, zeigen doch die zahlreichen Pilgergruppen, die mit Bussen aus der Diözese Eichstätt sowie aus dem Bamberger und Nürnberger Raum anreisen, die Beliebtheit dieses Gnadenortes. Die Wallfahrtszeit dauert von Mai bis September. Höhepunkte sind alljährlich die Maiandachten, die Feier des »Frauendreißiger« von Mitte August bis Mitte September sowie die monatlichen Fatimafeiern.

20 Waldsassen: die Kappel – Wallfahrt zur Heiligsten Dreifaltigkeit

Ursprung Die Anfänge der Kappel als Wallfahrtsort gehen bis in die Zeit der Gründung des Klosters Waldsassen um 1133 zurück. Nach der Überlieferung weideten Mönche des Klosters auf dem nahe gelegenen Glasberg ihre Vierherden und brachten zur Andacht und zum Gebet an einem Baum ein Bild der Heiligen Dreifaltigkeit an, das bald als wundertätig verehrt wurde. Nach einer ersten Kapelle wurde schon bald eine Kirche errichtet, die durch die Hussiten, später durch die Markgrafen von Bayreuth und zuletzt durch die Kalvinisten zerstört wurde.

Anfahrt: *Autobahn A 93 Regensburg-Weiden-Hof, Ausfahrt Mitterteich-Süd, Bundesstraße 299, von Waldsassen über Münchenreuth nach Kappel*
Kirche: *Besondere Pilgergottesdienste und Führungen nach Vereinbarung*
Kontakt: *Kath. Pfarramt Münchenreuth, Tel. 09632/5020*
Einkehr: *Gasthaus Rosner, Tel. 09632/688*
Sehenswert: *Waldsassen: Basilika, Klosterbibliothek, Stiftslandmuseum*

Entwicklung Durch den Wechsel zur lutherischen Lehre kam es zu einem Verfall der Wallfahrt. Im Zuge der Rekatholisierung der Oberpfalz ab 1626 gewann die Kappel als Wallfahrtsort allmählich wieder an Bedeutung. So entschloss man sich zum Bau einer großen Kirche zu Ehren der Heiligsten Dreifaltigkeit. Die Anregung zum Bau einer Kirche zu Ehren der Dreifaltigkeit gab das Konzil von Trient (1545–1563). Als Architekten gewann man den renommierten Baumeister Georg Dientzenhofer aus Au bei Bad Aibling, der am Bau der Klosterkirche in Waldsassen mitwirkte. Mit der Kappel, der »Capeln der heiligen Dreifaltigkeit zu Münchenreuth«, gelang ihm sein originellstes Werk: Nach dem Wunsch von Theologen sollte der Bau in Grundriss und Raum das Patronat der Kirche verdeutlichen. 1685 erfolgte die Grundsteinlegung der Kirche, die 1711 vollendet wurde. In der Säkularisation konnte der Abbruch der Kappel gerade verhindert werden, die als der bedeutendste barocke Rundbau nördlich der Alpen gilt.

Wallfahrtskirche Wie wohl bei keinem anderen sakralen Bauwerk der Barockzeit erschließt sich dem Besucher die Grundkonzeption des Kirchenbaues, die Einheit von Grundriss und Gestaltung als Sinnbild der Dreifaltigkeit. Es ist das alte Symbolzeichen des gleichseitigen Dreiecks innerhalb eines Kreises als Zeichen der Ewigkeit, baulich umgesetzt durch die drei Türme und drei Halbkreise mit Altarnischen –

Den Rundbau der Kirche umschließt ein schmaler Umgang.

Die herrliche Wallfahrtskirche gehört zur Pfarrei Münchenreuth, einem von Mönchen gerodeten Waldgebiet. Sie ist ein Lobpreis auf die Dreifaltigkeit.

ein architektonischer Gedanke, der durch den italienischen Barock angeregt wurde. Umschlossen wird der Kirchenraum durch einen schmalen Umgang. Die Heiligste Dreifaltigkeit, das Patrozinium der Kirche, ist auch das Thema das Hochaltarbildes. Das von Putten und Engeln umrahmte Bild wird flankiert von Figuren der Heiligen Leo der Große und Augustinus. Über dem Tabernakel zeigt ein Holzrelief die Krönung Mariens. Das Gemälde des nördlichen Hauptaltars ist zusammen mit Seitenfiguren von Joachim und Anna der Heiligen Familie gewidmet. Das Bild des südlichen Hauptaltars stellt die Himmelfahrt Mariens dar. Die Kanzel besticht durch reiche Akanthusschnitzereien. Die Innenausstattung der Kirche entstand um 1730 und zeigt in den herrlichen Deckenfresken und dem üppigen Stuck deutlich den Übergang vom Barock zum Rokoko, geschaffen durch Künstler, die wahrscheinlich auch an der Ausgestaltung der Stiftskirche und der Klosteranlage mitgewirkt haben.

***Georg Dientzenhofer** aus dem Inntal gehörte zu einer ruhmreichen Baumeisterfamilie, die in Altbayern, Franken und Böhmen hervorragende Barockbauten schuf.*

Wallfahrtsleben Die Wallfahrt zur Kappel, im Stiftsland im Landkreis Tirschenreuth gelegen, steht seit ihren Anfängen in engster Verbindung zum nahen Kloster Waldsassen. Die Kirche ist bis in unsere Tage das Ziel zahlreicher Wallfahrten. Viele Pilger aus der nördlichen Oberpfalz gehen nach alter Tradition zu Fuß zur Kappel. Zudem kommen von Ostern bis Oktober viele Besucher mit Bussen und Autos zur Kirche der Heiligsten Dreifaltigkeit. Das Patrozinium der Kirche wird am Dreifaltigkeitssonntag gefeiert, verbunden mit dem Kappelfest.

21 Freystadt: Mariahilf-Wallfahrt zu einem Juwel des bayerischen Barock

Ursprung Nach alten Aufzeichnungen bauten im Jahre 1644 zwei Hirtenbuben an der Stelle, wo die heutige Kirche steht, eine kleine Kapelle aus Sand und Lehm, um sich die Zeit beim Viehhüten zu vertreiben. Im Inneren der Kapelle stellten sie eine geschnitzte Marienfigur auf und zündeten Kerzen an. Auf Betreiben des Freystädter Bürgermeisters Friedrich Kreichwich wurde in den Jahren 1664 bis 1667 eine neue Kapelle gebaut. Das Gnadenbild, das der Bürgermeister anfertigen ließ, ist noch erhalten.

Anfahrt: *Autobahn A 9 München–Nürnberg, Ausfahrt Hilpoltstein, über Meckenhausen nach Freystadt • Autobahn A 3 Regensburg–Nürnberg, Ausfahrt Neumarkt i.d.Opf., Bundesstraße 299a/299 über Neumarkt in Richtung Beilngries, nach Neumarkt und über Reichertshofen nach Freystadt*
Kirche: *Besondere Pilgergottesdienste und Führungen nach Vereinbarung*
Kontakt: *Franziskanerkloster, Tel. 091 79/9 40 00, Fax / Tel. 091 79/94 00 33*
E-Mail: *P.Amadeus@t-online.de*
Einkehr: *Haus Franziskus, Tel. 017 09/01 48 77, Café Beck, Tel. 091 79/9 59 17, Gasthof-Hotel Pietsch, Tel. 091 79/94 48 80, Gasthof Ferschl, Tel. 091 79/55 07*
Sehenswert: *Schloss Hirschberg, Benediktinerkloster Plankstetten, Mariahilfberg in Neumarkt*

Entwicklung Mariahilf in Freystadt war als Wallfahrtsort rasch bekannt geworden. Seit 1681 wurden die zahlreichen Wallfahrer von Franziskanern betreut, die 1714 ein eigenes Klostergebäude beziehen konnten. Die Spendenfreudigkeit der Pilger ermöglichte es den Franziskanern, im Jahre 1700 den Grundstein für den Neubau der Wallfahrtskirche zu legen. Der barocke Glanz der Kirche, die der Graubündner Baumeister Giovanni Antonio Viscardi errichtete, hat sicherlich viel dazu beigetragen, dass im 18. Jahrhundert der Wallfahrerstrom gewaltig anschwoll. Neben der Schönheit der Kirche zog die Pilger aber vor allem die Hoffnung auf Mirakel an. Die Säkularisation machte auch vor Freystadt nicht Halt. Nur dem Umstand, dass der königlich-bayerische Generalmajor Carl Ernst Freiherr Griessenbeck von Griessenbach in der Vorhalle der Kirche einen Epitaph zum Andenken an seinen Großvater entdeckte, war es zu verdanken, dass die Kirche nicht abgebrochen wurde.

Wallfahrtskirche Die Wallfahrtskirche Mariahilf nimmt unter den Sakralbauten des bayerischen Barock eine herausragende Stellung ein. Als Architekt beauftragte der Großneffe von General Tilly einen der bedeutendsten Baumeister der Barockzeit, den Graubündener Giovanni Antonio Viscardi. Außerdem gewann er als Freskenmaler Georg Asam mit seinen Söhnen Cosmas Damian und Egid Quirin. Diese Elite der Barockkünstler wurde noch ergänzt durch den italienischen

Meisterstuckateur Francesco Appiani. Die Kirche liegt etwas außerhalb der kleinen Stadt. Sie zeigt unübersehbar italienische Stilelemente. Eine Kuppel überwölbt den hoch aufragenden Zentralbau. Der lichtdurchflutete Innenraum erstrahlt nach der jüngsten Renovierung wieder im einstigen barocken Glanz. Die meisterlichen Stuckaturen umranken Fresken, Nischen und Felder und verleihen der Architektur einen festlichen Charakter. Die Fresken von Georg Asam und seinen Söhnen sind dem Leben Mariens gewidmet. Im Deckenfresko über dem Hochaltar breiten Engel eine lateinische Weiheinschrift an die Dreifaltigkeit und an die Muttergottes aus. Der Hochaltar, 1957 neu gestaltet, zeigt die Aufnahme Mariens in den Himmel.

Links: Die Kuppel der Wallfahrtskirche, erbaut von Giovanni Antonio Viscardi

Rechts: Das bekleidete Gnadenbild

Am rechten Seitenaltar befindet sich das Gnadenbild, eine kleine, bekleidete Marienfigur aus dem Jahr 1664. Eine besondere Kostbarkeit der Kirche stellt die reich stuckierte Kanzel von Appiani aus dem Jahre 1709 dar.

Wallfahrtsleben Die Wallfahrt Mariahilf bei Freystadt hat über Jahrhunderte bis heute nichts von ihrer Anziehungskraft verloren. Nach alter Tradition kommen noch Fußwallfahrergruppen. Wallfahrtshöhepunkte sind der 1. Mai mit einer Sternwallfahrt, das Patrozinium der Kirche am Fest Mariä Himmelfahrt sowie die anderen Marienfeste. Die prächtige Kirche ist das ganze Jahr hindurch ein Ziel von Kunstfreunden.

Die fremdländisch anmutende Kirche inmitten der Oberpfälzer Landschaft

Wallfahrtsorte in der Oberpfalz

22 Neukirchen beim Heiligen Blut: Gnadenort an der böhmischen Grenze

Ursprung Nach der wohl ältesten Quelle war der Anlass für die Wallfahrt ein Hostienfund auf einem Baumstumpf um 1400. Hier wurde daraufhin eine Kapelle gebaut und das Marienbild eines böhmischen Bildhauers verehrt, das 1419 eine Bäuerin aus Böhmen vor den bilderstürmenden Hussiten nach Bayern rettete. Nach der Überlieferung kam ein hussitischer Landrichter auch über die Grenze nach Bayern und entdeckte dabei das besagte Marienbild. Wutentbrannt warf er es in einen Brunnen, der sich heute neben dem rechten Seitenaltar der Wallfahrtskirche befindet. Als die Figur aber dreimal auf ihren Platz zurückkehrte, spaltete er ihr mit seinem Schwert das Haupt. Sogleich floss frisches Blut aus der Wunde, und der verblendete Landrichter konnte nicht fliehen, da sein Pferd sich nicht mehr von der Stelle bewegte.

> **Anfahrt:** *Autobahn A 9/93 München-Regensburg, Ausfahrt Regensburg Nord, Bundesstraße 16 Regensburg-Roding, Bundesstraße 85 Roding-Cham, Bundesstraße 20 Cham-Furth i. Wald über Eschlkam nach Neukirchen beim Heiligen Blut • Autobahn A 20 München-Deggendorf, Ausfahrt Landau an der Isar, Bundesstraße 20 Landau-Cham-Furth im Wald, über Eschlkam nach Neukirchen beim Heiligen Blut*
> **Kirche:** *Besondere Pilgergottesdienste und Führungen nach Vereinbarung*
> **Kontakt:** *Kath. Pfarramt, Tel. 099 47/12 23, Fax 099 47/90 52 51, Wallfahrtsmuseum, Tel. 099 47/94 08 21*
> **E-Mail:** *pfarramt-neukirchen@web.de*
> **Einkehr:** *Gasthof Zur Linde, Tel. 099 47/4 16, Gasthof Zum Bach, Tel. 099 47/12 18*
> **Sehenswert:** *Wallfahrtsmuseum in Neukirchen beim Heiligen Blut, Wallfahrtskirche Weißenregen in Kötzting, Naturpark Bayerischer Wald*

Entwicklung Nunmehr kamen so viele Pilger, dass 1520 die Kapelle vergrößert werden musste. Nach dem Dreißigjährigen Krieg wuchs die Wallfahrt so sehr an, dass man Franziskaner zur Aushilfe rief, die bis heute den Ortspfarrer bei der Wallfahrtsseelsorge unterstützen. Die in der Zeit der Hussitenkriege entstandene Wallfahrt wurde in der Gegenreformation von den bayerischen Herzögen und Kurfürsten sehr gefördert. Im 18. Jahrhundert kamen Wallfahrer auch aus dem nahen Böhmen. Erst seit etwa 1935 blieben die böhmischen Wallfahrer aus, die im Volksmund »Stockböhmen« hießen. Nach der Öffnung des Eisernen Vorhangs kamen erstmals im Jahr 1990 nach einer seit 1935 unterbrochenen Tradition wieder Choden aus Böhmen nach Neukirchen. In jüngster Zeit nahm die Wallfahrt nach Heiligen Blut wieder einen großen Aufschwung.

Wallfahrtskirche Der Turm mit der für die Gegend charakteristischen Zwiebel ist schon aus der Ferne zu sehen. Die Wallfahrtskirche, zwischen Hohem Bogen und Further Senke gelegen, ist seit 1614 auch Pfarrkirche von Neukirchen. Mit dem

Links: Bis in unsere Tage bringen Wallfahrer Votivkerzen in die Kirche.

Rechts: Der Turm der Wallfahrtskirche prägt das Bild des Marktes Neukirchen.

Bau begann man schon 1658, seine Vollendung verzögerte sich aber durch den Spanischen Erbfolgekrieg bis 1721. Im Jahre 1751 wurde der Kirchenraum erhöht und im Rokokostil neu ausgestaltet. Die Deckenfresken stammen von dem Straubinger Maler Josef Anton Merz. Das Hauptbild zeigt die Aufnahme Mariens in den Himmel. Der Hochaltar hat die Form eines offenen Baldachins. Über dem Tabernakel befindet sich das Gnadenbild aus der Zeit um 1400, wohl eine böhmische Arbeit. Das Kleid des Gnadenbildes soll nach einer alten Überlieferung aus dem Brautkleid einer böhmischen Prinzessin angefertigt worden sein. Es sind insgesamt 16, meist zweiteilige Gewänder mit dem dazugehörigen Kleid für das Jesuskind vorhanden, die im Lauf des Kirchenjahres gewechselt werden. Die Kirche besaß einst einen großen Schatz wertvoller Votivbilder, die aber in der Mehrzahl der Renovierung von 1882 zum Opfer fielen. Zur Wallfahrtskirche gehört die Kapelle zum Heiligen Brunn, die auf freiem Feld in unmittelbarer Nähe des Gotteshauses steht.

Eine besondere Sehenswürdigkeit ist das Wallfahrtsmuseum mit vielen Exponaten, in dem eindrucksvoll die Geschichte der Grenzlandwallfahrt dargestellt wird.

Wallfahrtsleben Neukirchen beim Heiligen Blut ist bis heute ein viel besuchter Marienwallfahrtsort. Das Gedächtnis an das Hostienwunder ist zurückgetreten. Alljährlich pilgern noch viele Pfarreien aus der näheren und auch weiteren Umgebung zwischen Ostern und Pfingsten nach alter Tradition zu Fuß zum Gnadenbild. Viele Pilger kommen heute mit Bussen und Autos. Wallfahrtshöhepunkte sind die Bitttage vor Christi Himmelfahrt, die Woche vor Pfingsten sowie das Patrozinium der Kirche am Fest Mariä Geburt (8. September). Überregionale Bedeutung hat die Wallfahrt der Heimatvertriebenen.

Darstellung der Wallfahrtslegende im Wallfahrtsmuseum

23 Weißenregen: Marienwallfahrt hoch über Bad Kötzting

Ursprung Die Anfänge dieser Wallfahrt liegen in der Zeit der Einführung des protestantischen Glaubens in der Oberpfalz im 16. Jahrhundert. Nach der Legende soll damals ein Marienbild aus Nabburg vor dem kalvinischen Bildersturm nach Weißenregen in Sicherheit gebracht worden sein. Man hängte das Bild an eine große Eiche, wo es viele Wunder wirkte. Da immer mehr Hilfesuchende das Gnadenbild aufsuchten, stellte man es in der St.-Veits-Kirche in Bad Kötzting auf. Hier ist es aber nicht geblieben, sondern an den alten Ort zurückgekehrt.

Anfahrt: *Bundesstraße 16/85 Regensburg-Roding-Cham-Miltach, weiter nach Bad Kötzting-Weißenregen • Autobahn A 3 Regensburg-Deggendorf, Ausfahrt Straubing, Bundesstraße 20 Straubing-Cham, Bundesstraße 85 bis Miltach, weiter nach Bad Kötzting-Weißenregen*
Kirche: *Besondere Pilgergottesdienste und Führungen nach Vereinbarung*
Kontakt: *Kath. Pfarramt, Tel. 099 41/9 42 60, Fax 099 41/7 17 23*
Einkehr: *Berggasthof zur Klause (neben der Wallfahrtskirche), Tel. 099 41/83 77, Gasthaus Brauerei Kolbeck in Bad Kötzting, Tel. 099 41/14 29, Gasthaus Seeblick in Höllenstein*
Sehenswert: *Stadt Bad Kötzting, Wallfahrtskirche Neukirchen bei Heiligen Blut, Cham und Chammünster*

Entwicklung Als die Eiche einem Brand zum Opfer fiel, das Gnadenbild aber unversehrt blieb, stellte man es in einen gemauerten Bildstock. Im Jahre 1593 ließ der Abt des Klosters Niederaltaich ein »feines Kirchlein mit Thurm und Geläut« errichten. Bereits 1610 erbaute man eine Kapelle, die seit 1632 ein Eremit betreute. 1692 kam eine Antoniuskapelle hinzu, die heute südlich des Turms steht. Gegen Ende des 17. Jahrhunderts wuchs die Zahl der Wallfahrer zum Gnadenbild von Weißenregen beträchtlich an, sodass man sich zu einem Neubau entschloss. Mit den Spenden der Wallfahrer konnte der Innenraum der äußerlich schlicht gehaltenen Kirche prächtig im Rokokostil ausgestattet werden. Aus der gesamten Oberpfalz zogen nun die Wallfahrer in Scharen zur neu erbauten Kirche über dem Ufer des Weißen Regen. Der großen Volksfrömmigkeit standen Aufklärung und Säkularisation verständnislos gegenüber. Kaufleuten aus Bad Kötzting gelang es 1803, einen Abriss der Kirche zu verhindern. Nach Jahren des Stillstands kam es in Weißenregen im 19. Jahrhundert zu einer neuen Blüte der Wallfahrtsfrömmigkeit.

Detail aus der Schiffskanzel: Fischende Apostel

Wallfahrtskirche Die äußerlich schlichte Wallfahrtskirche, weithin sichtbar auf einer Anhöhe, überrascht im Inneren mit einer herrlichen Rokokoausstattung. Das Gotteshaus, 1765 geweiht, ersetzte die zu klein und baufällig gewordene Kapelle aus dem Jahre 1593. Im Mittelpunkt steht der Hochaltar mit reichem Aufbau, gedrehten Säulen und sechs Heiligenfiguren. Der verschwenderisch aus-

Das Innere der Kirche in herrlicher Rokokoausstattung

gestattete Altar ist das Werk eines Bad Kötztinger Schreiners aus dem Jahre 1752. Über dem Tabernakel befindet sich in einem vergoldeten Schrein das Gnadenbild, eine thronende Muttergottes aus dem frühen 14. Jahrhundert. Das Jesuskind wurde in der Barockzeit ergänzt. Meist sind Mutter und Kind mit weißen Seidengewändern bekleidet. Im Chorbogen hängt eine Rosenkranzmadonna um 1700. Das Glanzstück der Wallfahrtskirche ist die Kanzel aus dem Jahr 1758. Es handelt sich dabei um eine Schiffskanzel, ein Typ, der in der Barockzeit beliebt war. Eine Schiffskanzel symbolisiert die Kirche, die die Gläubigen in einem Schiff durch alle Wirrnisse der Zeiten trägt. Aus dem Kanzelkorb beugen sich zwei Apostel, um das mit Fischen gefüllte Netz herauszuziehen. Darunter ist der Prophet Jonas im Maul eines Fisches zu entdecken. An der Rückwand der Kanzel zeigt ein Relief Christus als Guten Hirten. Die aufwändige Gestaltung der Kanzel setzt sich im Schalldeckel fort, der mit Takelwerk und Mast an ein Schiff erinnert. Im Schalldeckel befindet sich eine Nachbildung des Gnadenbildes. Darüber sind Figuren von Gottvater und der Heilige-Geist-Taube.

Die berühmte Fischer- oder Schiffskanzel von dem Kötztinger Künstler Johann Paul Hager ist eine Bildpredigt. Ihr Korb besitzt die Form eines Schiffes und veranschaulicht die alte Vorstellung von der Kirche als Schiff, das die Gläubigen sicher durch alle Gefahren trägt.

Wallfahrtsleben Weißenregen ist bis heute ein viel besuchter Gnadenort. Vor allem zwischen Ostern und Pfingsten kommen Fußwallfahrergruppen aus der Umgebung. Daneben reisen viel Pfarreien und Dekanate aus dem ganzen Bayerischen Wald und aus der Oberpfalz mit Omnibussen an. Wallfahrtshöhepunkt ist alljährlich das Fest Mariä Himmelfahrt (15. August). Zur kirchlichen Feier gehört nach alter Tradition ein Markt mit vielen Verkaufsständen und Bewirtung.

Die Wallfahrtskirche wurde zwischen 1750 und 1765 erbaut.

Wallfahrtsorte in der Oberpfalz

24 Mariaort: Marienbild in den Fluten der Naab

Ursprung Der Legende nach wurde im 8. Jahrhundert bei Konstantinopel während des Bilderstreits ein Marienbild in das Schwarze Meer geworfen. Die steinerne Figur versank aber nicht, sondern schwamm auf einer Wacholderstaude stromaufwärts bis zur Einmündung der Naab in die Donau. Als die Bewohner der Ortschaft für das angetriebene Muttergottesbild eine Kapelle bauen wollten, wurde das Baumaterial in der Nacht auf wundersame Weise immer wieder an das andere Ufer getragen, dorthin, wo die Figur hängen geblieben war. So wurde hier die Wallfahrtskirche errichtet. Geschichtlich belegt ist die Wallfahrt erstmals 1352. Mariaort ist damit eine der ältesten Gnadenstätten in Bayern.

> **Anfahrt:** *Autobahn A 993 München–Regensburg bis Autobahnkreuz Regensburg, Autobahn A 3 in Richtung Nürnberg, Ausfahrt Sinzing, über Kleinprüfening nach Mariaort*
> **Kirche:** *Besondere Pilgergottesdienste und Führungen nach Vereinbarung*
> **Kontakt:** *Pfarrei Eilsbrunn, Tel. 09404/961401, Fax 09404/961402*
> **E-Mail:** *mariaort.mueller@t-online.de*
> **Einkehr:** *Pettendorf/Mariaort: Gasthof Krieger, Tel. 0941/84278, Sinzing/Kleinprüfening: Gasthaus Haubner, Tel. 0941/31207*
> **Sehenswert:** *Mariaort (direkt bei der Wallfahrtskirche): Kalvarienbergkirche Heilig Kreuz, Adlersberg: Klosterkirche, Domstadt Regensburg*

Entwicklung Für die Wallfahrt war es bedeutsam, dass im 16. Jahrhundert einige Kardinäle der kleinen Kirche einen Ablass verliehen. Einen zusätzlichen Auftrieb bekam sie, als es zur Gründung einer Bruderschaft für alle christgläubigen Seelen kam. Im 17. und 18. Jahrhundert erlebte sie einen enormen Aufschwung. Aus der ganzen Oberpfalz pilgerten die Menschen zu Unserer Lieben Frau. Damit wuchsen auch die Opfergelder an, mit denen um 1770 eine neue Kirche gebaut werden konnte. Im Zuge der Säkularisation wurde es auch in Mariaort sehr ruhig. Erst im Laufe des vergangenen Jahrhunderts lebte die Wallfahrt wieder auf, die bis heute für den Regensburger Raum bedeutsam ist.

Wallfahrtskirche Von der ursprünglichen Kirche aus dem 15. Jahrhundert ist nur noch der dreiseitige Chor, die heutige Sakristei, erhalten. Chor und Langhaus der Kirche wurden 1774 erbaut. Der niedrige Turm mit Haube überragt nur wenig den klar gegliederten Bau inmitten von Büschen und Bäumen am Ufer der Naab. Betritt man die Kirche,

Das Gnadenbild am Hochaltar

so fällt der Blick sogleich auf die Deckengemälde.
Das Langhausfresko zeigt die Himmelfahrt Mariens. Das Gemälde im Chor veranschaulicht die legendäre Auffindung des Gnadenbildes. Mittelpunkt der sehr schlicht gehaltenen Kirche ist der Hochaltar (um 1775) mit dem Gnadenbild – eine schwere Steinfigur aus der zweiten Hälfte des 14. Jahrhunderts mit gotischen Gewandfalten und einem Schleiertuch über dem Haupt. Maria, in stehender Haltung, hält das göttliche Kind, das mit beiden Händen einen Frosch oder eine Kröte umfasst. Die Kronen von Mutter und Kind sind Ergänzungen der Barockzeit. Die klassizistischen Seitenaltäre im Langhaus sind schwungvoller und malerischer gestaltet als der Hochaltar. Anstelle von Altarbildern befindet sich auf der rechten Seite eine Figur des hl. Josef mit Jesuskind, auf der linken eine Figur des hl. Sebastian. Viele Votivbilder im Chor hinter dem Hochaltar erinnern an die Anliegen der Wallfahrer im 17., 18. und 19. Jahrhundert.

Die Wallfahrtskirche Unserer Lieben Frau von Osten. Der spätgotische Chor dient nach dem Neubau des Kirchenschiffes (1774) als Sakristei. Links am Chor erkennt man unterhalb des Daches einen Kragstein, auf dem die legendäre Wacholderstaude wächst.

Am Bau der Wallfahrtskirche erkennt man deutlich den Übergang vom Rokoko zum Klassizismus.

Wallfahrtsleben Mariaort, malerisch an der Mündung der Naab in die Donau gelegen, konnte sich bis heute eine große regionale Bedeutung erhalten. Nach alter Tradition ziehen noch einige Fußwallfahrergruppen aus dem Großraum Regensburg zur stillen Wallfahrtskirche. Viele Gruppen kommen mit Bussen, um hier einen Gottesdienst zu feiern. Der Höhepunkt im Wallfahrtsjahr ist das Fest Mariä Himmelfahrt (15. August), das Patrozinium der Kirche. An diesem Tag finden mehrere Gottesdienste statt, da die kleine Kirche die vielen Wallfahrer nicht fassen kann. Besonderer Beliebtheit erfreut sich die Mariaorter Kirche bei Brautpaaren, die an diesem Gnadenort den Bund fürs Leben schließen.

Wallfahrtsorte in Schwaben

25 Biberbach: Wallfahrt zum »Hochberühmten Herrgöttle«

Ursprung Die Anfänge der Wallfahrt lassen sich auf das Jahr 1525 datieren, dem Jahr des Bauernaufstandes. Nach einer Legende soll damals ein Fuhrmann aus Bayern im Württembergischen ein fast lebensgroßes romanisches Kruzifix mit einem Strick um den Hals im Straßengraben gefunden haben. Er lud es auf sein Fuhrwerk, mit dem er aber nur bis Biberbach kam, weil seine Pferde nicht weitergehen wollten. Diesen Vorfall deutete man als einen besonderen Fingerzeig Gottes und brachte das Bild in die örtliche Pfarrkirche, wo es bis 1616 blieb und vom Volk verehrt wurde. Die Kunde von dem Kreuz verbreitete sich in der ganzen Gegend. Es kamen immer mehr Wallfahrer zum »Lieben Herrgöttle« in den schwäbischen Ort.

Anfahrt: *Autobahn A 8 München-Stuttgart, Ausfahrt Augsburg West, Bundesstraße 2 bis Langweid, dort links ab nach Biberbach*
Kirche: *Besondere Pilgergottesdienste und Führungen nach Vereinbarung*
Kontakt: *Kath. Pfarramt, Tel. 082 71/29 36, Fax 082 71/42 72 70*
E-Mail: *st.jakobus.biberbach@bistum-augsburg.de*
Einkehr: *Gasthaus Magg, Tel. 082 71/29 10, Huckerwirt, Tel. 082 71/29 33*
Sehenswert: *Klosterkirchen Holzen und Thierhaupten, Wallfahrtskirchen Violau und Inchenhofen*

Entwicklung Die Schrecken des Dreißigjährigen Krieges machten auch vor Biberbach nicht Halt. Zur Zeit der schwedischen Besetzung wurde das Kreuz von der Soldateska aus der Kirche geholt und in mehrere Stücke zerschlagen. Teile des Kreuzes stellte man als Vogelscheuche aufs Feld. Nach dem Abzug der Schweden wurde das Kreuz aus vielen Teilen wieder zusammengesetzt und unter dem Kirchendach versteckt. Erst 1655 erinnerte man sich des Kreuzes und brachte es in die Kirche, wo es nun wieder verehrt werden konnte. Viele Menschen beteten vor dem Herrgöttle und fanden Erhörung in ihren Anliegen. Schon bald entwickelte sich eine große Wallfahrt, die den Bau einer neuen Kirche erforderlich machte. Diese konnte 1697 feierlich eingeweiht werden.

Das Ziel der Wallfahrer ist seit über 300 Jahren das »Herrgöttle«, ein romanisches Holzkruzifix.

Die Wallfahrt nach Biberbach war eine der größten der Barockzeit, die zahllose Pilger aus Schwaben und darüber hinaus anzog. Nach der Säkularisation riss auch in Biberbach der Strom der Wallfahrer abrupt ab. Erst in der Mitte des 19. Jahrhunderts kam es zu einem Neuanfang.

Wallfahrtskirche Die Kirche, St. Jakobus d. Ä. und Laurentius geweiht, ist das große Werk des Günzburger Baumeisters Valerian Brenner. Der Altarraum ist im Untergeschoss einschiffig und weitet sich im Obergeschoss zu einer dreischiffigen festlichen Halle mit Empore. Der barocke Bau wurde 50 Jahre nach der Vollendung im Stil des Rokoko umgestaltet. Die Stuckaturen schuf Franz Xaver Feichtmayr d. Ä. aus der Wessobrunner Schule, die Fresken der Tiroler Maler Balthasar Riepp. Das Fresko des Langhauses zeigt Kaiser Heraklius, wie er das wieder aufgefundene Kreuz nach Jerusalem trägt. Über dem Hochaltar befindet sich unter einem schlichten Baldachin das romanische Kreuz aus der Zeit um 1220. An der Wand zur Empore erinnern 70 Votivtafeln aus der Zeit zwischen 1686 und 1881 an die vielhundertjährige Wallfahrtstradition von Biberbach.

Die Wallfahrtskirche ist der Mittelpunkt des schwäbischen Ortes Biberbach.

Um 1910 entstand unterhalb der Kirche ein Kalvarienberg mit lebensgroßen Zinkgussfiguren nach Modellen von Sebastian Osterrieder.

Wallfahrtsleben Obwohl Biberbach nicht zu den viel besuchten Wallfahrtsorten zählt, ist doch gerade in letzter Zeit eine steigende Tendenz bei den Wallfahrerzahlen festzustellen. Viele Pfarrgemeinden knüpfen an die einstige Tradition an und kommen wie ehedem zum Herrgöttle, mit Autos und Bussen und auch zu Fuß. Das Wallfahrtsjahr beginnt bereits vor Ostern und endet mit dem Fest Kreuzerhöhung am 14. September. Am 25. Juli wird das Fest des Kirchenpatrons St. Jakobus gefeiert. Höhepunkte im Wallfahrtsjahr sind die Soldaten- und Friedenswallfahrt am dritten Sonntag im Mai, die Wallfahrt des Wallfahrervereins Augsburg und die Jugendwallfahrt am 3. Oktober.

Andachtsbild mit dem Herrgöttle (um 1900)

Wallfahrtsorte in Schwaben

26 Violau: Unsere Liebe Frau in der »Veilchen-Au«

Ursprung Dem heutigen Namen Violau (= Veilchen-Au) ist nicht mehr anzusehen, dass der Ort im Mittelalter Heslinsbach oder Hezelinbach hieß. Die Namensänderung geht vermutlich auf Zisterzienser zurück, denn seit 1284 gehört der Ort zum Zisterzienserinnenkloster Oberschönenfeld bei Augsburg. Von hier soll auch ein Muttergottesbild nach Violau gekommen sein. Obgleich genaue Angaben über die Anfänge der Wallfahrt fehlen, gibt es Hinweise, dass sie bereits im 15. Jahrhundert bestanden hat. 1555 gelobten die Augsburger wegen einer Pestseuche einen jährlichen Bittgang nach Violau.

Anfahrt: *Autobahn A 8 München-Stuttgart, Ausfahrt Zusmarshausen, in Richtung Altenmünster, bei Unterschöneberg nach Violau*
Kirche: *Besondere Pilgergottesdienste und Führungen nach Vereinbarung*
Kontakt: *Kath. Pfarramt, Tel. 082 95/6 08, Fax 082 95/4 98*
E-Mail: *wallfahrtskirche.violau@bistum-augsburg.de*
Einkehr: *Gasthaus Joachim, Tel. 098 25/6 55*
Sehenswert: *Klosterkirche St. Thekla in Welden, Kloster Oberschönenfeld*

Entwicklung Die Wallfahrt muss sich in der Folgezeit gut entwickelt haben. 1556 forderte der Bischof von Augsburg nach Jahren der Pest und angesichts der Türkenkriege zu Prozessionen nach Violau auf. Um 1589 ließ die Äbtissin Barbara Eichinger die bereits bestehende romanische Kirche erweitern. Sie wurde jedoch 1617 wieder abgebrochen, da sich der Zisterzienserorden zu einem noch größeren Bau entschlossen hatte, der 1620 eingeweiht wurde. Als 1657 die Zisterziensermönche von Kaisheim die Seelsorge übernahmen, erlebte die Wallfahrt ihre Blütezeit. In der Säkularisation mussten die Mönche Violau verlassen, das Gnadenbild wurde aus der Kirche entfernt und nach Wertingen gebracht, wo man es auf dem Dachboden des Schlosses aufbewahrte. In letzter Minute konnte 1807 wenigstens der Abbruch der Kirche verhindert werden. 1820 wurde das Gnadenbild nach Violau zurückgeholt.

Wallfahrtskirche In die barocke Kirche mit dem schlanken Turm gelangt man durch das vorgesetzte Pfarrhaus. Der großräumige, lichtdurchflutete Innenraum des Gotteshauses beeindruckt mit seinem reichen Fresken- und Stuckdekor. An das hohe, dreischiffige Langhaus schließt sich der Chor an, der noch deutliche Elemente der Gotik und Renaissance erkennen lässt, 1751 aber im Rokokostil umgestaltet wurde. Neben unbekannten Handwerksmeistern waren am Bau dieser Kirche auch herausragende Künstler des 18. Jahrhunderts beteiligt. So schuf der Augsburger Franz Xaver Feichtmayr d.Ä. aus der berühmten Wessobrunner Familie die reiche Stuckdekoration. Vom Mittenwalder Freskenmaler Johann

Die Wallfahrtskirche zur Schmerzhaften Muttergottes passt sich gut in die schwäbische Landschaft ein. Violau ist bis heute ein ruhiger Wallfahrtsort, der zur Besinnung einlädt.

Georg Dieffenbrunner stammen die farbenprächtigen Deckengemälde, die eine Huldigung an Maria darstellen. Das große Langhausfresko ist als eine Verherrlichung der Gottesmutter als Braut des Heiligen Geistes gedacht. Der mächtige Hochaltar und die Kanzel sind Werke unbekannter Meister. Wallfahrtsmittelpunkt ist das Gnadenbild der »Schmerzhaften Mutter« am rechten Seitenaltar. Es wurde 1688 in Anlehnung an ein früheres frühgotisches Vesperbild geschaffen. Das Altarbild darüber stammt von dem Augsburger Johann Georg Bergmüller. Von diesem Meister dürfte auch das Bild auf dem linken Seitenaltar sein. Kleine Kunstwerke stellen die beiden Rokoko-Altäre mit Figuren von Johann Michael Fischer dar.

Am Abend des Festes Mariä Himmelfahrt findet, wie an anderen Orten, eine Lichterprozession statt.

Wallfahrtsleben Die Wallfahrt nach Violau hat in den letzten Jahren einen großen Aufschwung genommen. Neben Fußwallfahrergruppen aus dem Dillinger und Augsburger Raum kommen viele Pilger mit Bussen und Autos zu dieser idyllisch gelegenen Gnadenstätte mitten im Schwäbischen. Das Wallfahrtsjahr beginnt im Mai und endet im September. Höhepunkt sind das Fest Mariä Himmelfahrt (15. August) sowie das Fest Mariä Sieben Schmerzen (Anfang September). Besondere Gebetsstunden werden jeweils an den Fatimatagen abgehalten. Violau zählt zu den ruhigen Gnadenstätten, ein Ort der Stille und des Gebetes.

Wallfahrtsorte in Schwaben

27 Maria Brünnlein: viel besuchte Wallfahrt am Tor zum Ries

Ursprung Die Wallfahrt nahm ihren Anfang durch einen Wemdinger Bürger, der 1684 von einer Pilgerreise nach Rom ein geschnitztes Marienbild mitbrachte, das er in seinem Hause verehrte. Als 1692 ein junger Priester auf einem nächtlichen Versehgang beim Schillerbrünnlein an eine geheimnisvolle Mauer stieß, die ihm den Weg versperrte, gelobte er in seiner Not, »über dieses Bründl« eine Feldkapelle zu errichten und hier das Bild Mariens aufzustellen.

Anfahrt: *Bundesstraße 2 Landsberg-Augsburg-Donauwörth-Nördlingen, in Wemding nach Maria Brünnlein • Autobahn A 8 München-Augsburg, Ausfahrt Augsburg-West, Bundesstraße 2 nach Donauwörth-Nördlingen, in Wemding nach Maria Brünnlein*
Kirche: *Besondere Pilgergottesdienste und Führungen nach Vereinbarung. Keine eigenen Führungen möglich.*
Kontakt: *Wallfahrtsrektor, Tel. 090 92/9 68 80*
Einkehr: *Gasthäuser in Wemding, Nördlingen, Oettingen*
Sehenswert: *Burg Harburg, Altstadt von Nördlingen, Wemding*

Entwicklung Aus bescheidenen Anfängen entwickelte sich Maria Brünnlein zu einem der beliebtesten Gnadenorte. Zu seiner Anziehungskraft trugen viele Gebetserhörungen bei, die vor allem im 17. Jahrhundert verzeichnet wurden. Zu seiner vollen Blüte kam die Wallfahrt, als im Jahre 1735 die Kunde zu hören war, dass die Gottesmutter wiederholt die Augen bewegt habe. Bald musste man sich daher zum Bau einer großen Kirche entschließen. 1748 wurde mit dem Neubau begonnen. Von den Stürmen der Aufklärung und Säkularisation blieb Maria Brünnlein weitgehend verschont, wenn auch hier ein Rückgang der Wallfahrtsfreudigkeit festzustellen war und das Kirchensilber abgeliefert werden musste. Aber schon nach einigen Jahrzehnten stieg der Wallfahrerstrom erneut an. In der Mitte des vergangenen Jahrhunderts erreichte Maria Brünnlein wieder seine frühere Beliebtheit.

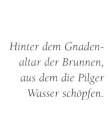

Hinter dem Gnadenaltar der Brunnen, aus dem die Pilger Wasser schöpfen.

Wallfahrtskirche Die Kirche Maria Brünnlein, am Ostrand des Rieses auf einer Anhöhe gelegen, wirkt in ihrem Äußeren schlicht und einfach. Umso mehr überrascht ihr Inneres. Der Ellinger Deutschordensbaudirektor Franz Joseph Roth schuf einen lichterfüllten, beschwingten Rokoko-Innenraum. Dabei sind, wenn man die Kir-

Die auf freiem Feld stehende Kirche beherrscht das Landschaftsbild bei Wemding.

che von hinten betritt, keine Fenster sichtbar. 1748 wurde der Bau begonnen und 1781 geweiht. Im Zentrum des Kirchenraumes steht der Marienaltar mit dem Gnadenbild und einer immerfort fließenden Quelle. Der Entwurf hierfür stammte wohl von Johann Baptist Zimmermann. 1953 wurde für den Altar ein neuer Unterbau aus hellem Juramarmor mit Engeln und einer großen, geschwungenen Schale geschaffen. Er ist der festliche Rahmen für das Gnadenbild: Maria im rotgoldenen Gewand und blauen Mantel, mit dem göttlichen Kind auf dem Arm. Der ausladende Hochaltar ist das Werk eines Schülers von Ignaz Günther und zeigt die Himmelfahrt Christi sowie die Aufnahme Mariens in den Himmel. Dieser Gedanke setzt sich im Deckenfresko des Chorraumes mit der Krönung Mariens durch den dreifaltigen Gott in der Glorie des Himmels fort. Gesteigert wird die bauliche Grundidee der Kirche durch das Hauptdeckenfresko, welches Maria als lebendigen Brunnen darstellt, aus dem Gnadenströme fließen. Es ist das Werk des Wessobrunners Johann Baptist Zimmermann, der auch die herrlichen Stuckarbeiten schuf, die das Gewölbe umspielen.

Wallfahrtsleben Maria Brünnlein erfreut sich bis in unsere Tage größter Beliebtheit. Neben zahllosen Gruppen, die mit dem Bus von weither kommen, pilgern über 50 Pfarreien alljährlich zu Fuß zur Basilika Unserer Lieben Frau und holen sich Kraft und Trost. Wallfahrtshöhepunkte sind alljährlich die bekannten Marienfeste sowie das Patrozinium der Kirche an Christi Himmelfahrt. Darüber hinaus finden sich jeden Monat am 13. viele Beter zu Fatima-Andachten vor dem Gnadenaltar ein. Und wie seit Jahrhunderten schöpfen die Kirchenbesucher klares Wasser aus dem Brünnlein hinter dem Gnadenaltar.

Altes Wallfahrtsgebet: »Wer soll nit hayl hier hoffen, der Gnadenbrunn steht offen.«

Die Fresken über dem Haupteingang sind ein Lobpreis auf Maria als lebendiger Gnadenbrunnen, was auch die Worte verheißen: »Niemand Ist, der Hilff begehrt, der Maria mit erhärt.«

Wallfahrtsorte in Schwaben

28 Friedberg: Herrgottsruh, ein alter schwäbischer Gnadenort

Ursprung Die Wallfahrt hat ihren Ursprung wohl in der Pilgerreise eines Friedberger Bürgers im Mittelalter. Er muss auf der Rückreise in türkische Gefangenschaft geraten sein. In seiner Not legte er das Gelübde ab, im Falle seiner glücklichen Heimkehr auf seinem Feld eine Nachbildung der Auferstehungskapelle vom Heiligen Grab in Jerusalem zu errichten. Erstmals wird 1496 von der Weihe einer Kapelle berichtet, die 100 Jahre später vergrößert wurde. Wie sie ausgesehen hat, wissen wir von alten Votivbildern des 17. Jahrhunderts. Damals kam es zu einem ersten Aufblühen der jungen Wallfahrt. Durch zahlreiche Gebetserhörungen und Berichte von wunderbaren Erscheinungen gewann sie bald an Zulauf.

Anfahrt: *Autobahn A 8 München-Stuttgart, Ausfahrt Dasing, B 300 in Richtung Friedberg, von Friedberg nach Herrgottsruh • Bundesstraße 17 Landsberg-Augsburg, in Augsburg bei der Kirche St. Ulrich und Afra in Richtung Friedberg*
Kirche: *Besondere Pilgergottesdienste und Führung nach Vereinbarung*
Kontakt: *Pallottinerkloster, Tel. 08 21/6 08 04 10, Fax 08 21/6 08 04 11*
E-Mail: *pakunz@t-online.de*
Einkehr: *Gasthof Kreisi, Tel. 08 21/2 67 90 00*
Sehenswert: *Wallfahrtskirche St. Afra in Friedberg, Augsburg*

Entwicklung Die Kunde von wundersamen Erscheinungen trug in besonderer Weise dazu bei, dass immer mehr Wallfahrer nach Herrgottsruh kamen. Als im Dreißigjährigen Krieg die Stadt Friedberg von den Schweden heimgesucht wurde, fiel die Kirche in Schutt und Asche. Obwohl auch die Nachfolgerkirche wieder zerstört wurde, blühte die Wallfahrt im 18. Jahrhundert auf. 1727 wurde eine Bruderschaft gegründet, die noch heute besteht. 1731 wurde der Grundstein für die heutige Kirche gelegt. Zur Zeit der Säkularisation war die Kirche in großer Gefahr: Sie sollte mit dem angrenzenden Priesterhaus abgebrochen werden. Dies konnte nur dadurch verhindert werden, dass man südlich der Kirche einen Friedhof anlegte und sie als Friedhofskapelle nutzte. Seit 1937 betreuen Pallottinerpatres Kirche und Wallfahrt.

Matthäus Günther, der Maler des großen Deckenfreskos, schuf auch das Deckengemälde in der Wallfahrtskirche Hohenpeißenberg.

Wallfahrtskirche Die Kirche, am Rande eines großen Friedhofes der Stadt Friedberg gelegen, ist ein hoch aufragendes Gebäude, das von einer mächtigen Kuppel überspannt und einem haubengekrönten Turm überragt wird. Sie ist das bedeutendste Werk des Augsburger Kapitelbaumeisters Johann Benedikt Ettl, das 1753 vollendet wurde. Der helle Raum gliedert sich in drei Schiffe. Den geräumigen, hohen Chor überragt eine weit gespannte Kuppel mit einem Fresko von Cosmas Damian Asam aus dem Jahre 1738, eine der letzten Arbeiten des großen Meisters. Von ihm ist auch das große Fresko an der Chorwand, das 1870 übertüncht und

Das Zentrum der barocken Kirche ist eine Rotunde, die den Bau mit ihrer Kuppel überragt.

Altes Wallfahrtsbild aus Herrgottsruh

1964 bis 1966 wieder freigelegt wurde. Es zeigt die seltene Doppeldarstellung der Anbetung der Könige und der Dreifaltigkeit. Damit hat Asam dem zweifachen Patrozinium der Kirche Rechnung getragen. Im linken Seitenschiff ist im Schrein eines Altars das Gnadenbild, das der Kirche den Namen gegeben hat: »Unseres Herren Ruhe«. Es ist das Meisterwerk eines unbekannten schwäbischen Meisters aus dem 15. Jahrhundert und zeigt den erschöpften Christus nach der Verspottung, wie er auf seinem Kreuz rastet. Im rechten Seitenschiff befindet sich der Bruderschaftsaltar mit einer Pietà von Ägidius Verhelst. Ein besonderer Schatz der Kirche sind die vielen Votivtafeln. Nach der gesamten Außen- und Innenrenovierung erstrahlt die Kirche wieder in ihrem ursprünglichen Glanz.

Wallfahrtsleben Wenn auch der Zustrom der Wallfahrer heute nicht mehr mit dem vor 200 Jahren vergleichbar ist, zeigt sich in Herrgottsruh in jüngster Zeit ein deutliches Anwachsen der Wallfahrtsfreudigkeit. In den Sommermonaten kommen auch Fußwallfahrer aus dem Augsburger und Aichacher Raum. Die herrliche Wallfahrtskirche ist ein beliebtes Ausflugsziel.

Wallfahrtsorte in Schwaben

29 Inchenhofen: Leonhardiverehrung seit dem Mittelalter

Ursprung Herzog Ludwig der Strenge schenkte 1266 dem von ihm gegründeten Sühnekloster Fürstenfeld die Pfarrei Hollenbach, zu der auch Inchenhofen gehörte. Hier stand bereits eine Leonhardskapelle, die das Ziel einer Wallfahrt war. Diese nahm einen großen Aufschwung, als 1283 Zisterziensermönche von Fürstenfeld die Seelsorge übernahmen. Als dieser Kapelle Ablässe verliehen wurden, wuchs der Strom der Wallfahrer so sehr an, dass man eine große Kirche bauen musste, die 1332 eingeweiht wurde.

Anfahrt: *Autobahn A8 München-Augsburg, Ausfahrt Dasing, Bundesstraße 300 in Richtung Schrobenhausen, in Aichach links nach Inchenhofen*
Kirche: *Besondere Pilgergottesdienste und Führungen nach Vereinbarung*
Kontakt: *Kath. Pfarramt, Tel. 08257/1220, Fax 08257/997238*
E-Mail: *Pfarramt-Inchenhofen@online.de*
Einkehr: *Landgasthof Voglbräu, Tel. 08257/1211, Baderwirt, Tel. 08527/1012, Gasthaus Händler, Tel. 08257/1201*
Sehenswert: *Wallfahrtsmuseum in Inchenhofen, Burgreste in Oberwittelsbach*

Entwicklung In der Mitte des 15. Jahrhunderts wurde eine dreischiffige spätgotische Hallenkirche errichtet, die in ihren Dimensionen die Bedürfnisse des kleinen Marktes Inchenhofen weit übertraf. In der Folgezeit verstanden es die Fürstenfelder Mönche, Inchenhofen zu einem bedeutenden Wallfahrtszentrum auszubauen. Man verehrte hier ein spätgotisches Gnadenbild, eine Pietà (heute im südlichen Seitenschiff), und eine gusseiserne Figur des hl. Leonhard um 1420. Die Wallfahrer nahmen die kleine Statue aus einer Säulennische heraus, hoben sie empor und küssten sie. In Mirakelbüchern hielten die Mönche zahllose »Gutthaten« fest. Die Wallfahrtsfrömmigkeit fand ihren Ausdruck auch im berühmten »Leonhardsnagel«, den die Inchenhofener Schmiede aus den Massen von Eisenopfern formten. In der Barockzeit wurde der kegelförmige Nagel mit einem Gewicht von 242 Pfund von den Wallfahrern zur Buße und zum Dank auf den Schultern um die Kirche getragen. Zu den beliebten Opfergaben zählten auch Pflugscharen und Unmengen von Ketten, die die Wallfahrer mitbrachten. Bis 1803 hing eine riesige Kette unter der Orgelempore, eine andere war unter dem Kirchendach befestigt, sodass in einem amtlichen Schreiben geklagt wurde: »Die Kirche sah eher einer Dorfschmiede gleich als einem Gotteshaus.« In der Säkularisation

Verehrung des hl. Leonhard: Ausschnitt aus dem Langhausfresko von Ignaz Baldauf (1776)

entfernte man die als Unsinn deklarierten Weihegaben, ebenso viele liturgische Geräte. Obgleich die Wallfahrt nunmehr sehr eingeschränkt wurde, führte man sie doch in kleinerem Rahmen weiter.

Wallfahrtskirche Die Leonhardikirche von Inchenhofen mit dem schmucken Zwiebelturm zählt in Größe und Bauart zu den bedeutenden spätgotischen Kirchen in Altbayern. Sie wurde mehrmals in ihrem Inneren umgestaltet, und zwar in der Spätrenaissance (nach 1610), im Barock (nach 1704) und im Rokoko (nach 1760). Die dreischiffige Hallenkirche ist ein einziger Lobpreis auf St. Leonhard, der im 17. Jahrhundert zum Schutzheiligen des Viehs wurde, weshalb ihm als Attribut immer eine Kette beigegeben ist. Das gewaltige Deckenfresko des Langhauses der Kirche zeigt Szenen aus dem Leben des hl. Leonhard. Es ist das Meisterwerk des Inchenhofener Malers Ignaz Baldauf. Von ihm stammt auch das Deckengemälde im Chor mit einer Darstellung der Taufe des hl. Leonhard. Der viel verehrte Nothelfer hat seinen Ehrenplatz im Hochaltar aus dem Jahre 1755. An Glanz und künstlerischem Reichtum stehen dem Hochaltar die Altäre in den Seitenschiffen kaum nach: nördlich der Martinsaltar und südlich der Altar mit einem Vesperbild von 1430. Als besonderes Kunstwerk gilt die schwungvolle Kanzel des Anton Wiest, ganz im Stil des ausklingenden Rokoko.

Wallfahrtsleben Inchenhofen zählt längst nicht mehr wie im Mittelalter und in der Barockzeit zu den größten Gnadenorten Deutschlands. Dennoch ist die herrliche Leonhardskirche Jahr für Jahr das Ziel von vielen Wallfahrtsgruppen. Die Wallfahrer sind bis zu zwölf Stunden unterwegs. Wallfahrtshöhepunkte sind das Bruderschaftsfest am Pfingstmontag und das Leonhardifest Anfang November. Der seit den 1970er-Jahren wieder aufgeblühte Leonhardiritt führt hunderte von Reitern mit ihren Pferden sowie tausende von Zuschauern in den schmucken Ort mit der eindrucksvollen Tradition.

St. Leonhard, der Patron der Kirche und Wallfahrt, am eindrucksvollen Hochaltar von Anton Wiest

St. Leonhard lebte im 6. Jahrhundert als Mönch in Frankreich und galt seit dem Mittelalter als Helfer der Gefangenen, Kranken und Besessenen. Er wird immer mit einer Kette dargestellt. Deshalb wurde er zum Patron des Viehs, besonders der Pferde. Zu seiner Ehre findet alljährlich an seinem Namensfest in Inchenhofen ein Pferdeumritt statt.

30 Maria Birnbaum: italienische Barockarchitektur in Schwaben

Ursprung In den Wirren des Dreißigjährigen Krieges wurde ein in einer alten Eiche aufgestelltes Vesperbild von schwedischen Soldaten in ein Moos geworfen, aus dem es 1632 der Dorfhirte von Sielenbach herausholte und in einen hohlen Birnbaum neben der Straße stellte. 1659 kam es zu einer wundersamen Heilung: Eine Bürgersfrau aus Meran hatte wegen ihrer Hysterie und des »großen Leibschadens« ihres Sohnes schon Wallfahrten nach Andechs, Ettal und Mariazell unternommen. Als ihr im Traum ein kleines Vesperbild erschien, machte sie sich auf, es im »Baierland« zu suchen. Nach vielen Irrwegen fand sie es im Birnbaum bei Sielenbach. Und von der Stunde an waren sie und ihr Sohn geheilt.

Anfahrt: *Autobahn A 8 München-Augsburg, Ausfahrt Adelzhausen, über Tödtenried nach Sielenbach • Staatsstraße Dachau-Augsburg, bei Aichach West über Klingen nach Sielenbach*
Kirche: *Besondere Pilgergottesdienste und Führungen nach Vereinbarung*
Kontakt: *Deutschordenskonvent Maria Birnbaum, Tel. 082 58/9 98 50, Fax 082 58/99 85 10*
E-Mail: *wallfahrt@maria-birnbaum.de*
Einkehr: *Klostergaststätte, Tel. 082 58/92 84 90, Gaststätte Winterholler, Tel. 082 58/2 10*
Sehenswert: *»Sisi-Schloss« in Oberwittelsbach, Klosterkiche in Altomünster und Pfarrkirche in Inchenhofen*

Entwicklung Ein Adeliger kümmerte sich nunmehr um das Gnadenbild und erreichte, dass eine »ansehnlich große Kirche« gebaut wurde. Er fand viele Spender, die sein Vorhaben durch ihre Opfergelder unterstützten. Als der Papst der jungen Wallfahrt einen Ablass gewährte, erhöhte sich die Zahl der Pilger. 1668 übernahmen Geistliche des Deutschen Ordens die Seelsorge. Einen großen Auftrieb gewann die Wallfahrt durch die Gründung einer Bruderschaft zu den Sieben Schmerzen Mariens, die heute noch besteht. Im Zuge der Säkularisation sollten 1803 Kirche und Wallfahrt aufgelöst werden, doch die Bauern der Umgebung kämpften um ihre Erhaltung.

Wallfahrtskirche Wer zum ersten Mal nach Maria Birnbaum kommt, ist überrascht vom fremdländisch anmutenden Baukörper dieser Kirche. Drei zylindrische Bauteile, mit Kuppeln überdacht, bilden mit den Türmen eine ungewohnte Einheit. Deutlich ragen die mächtige Mittelkuppel und drei kleine Laternen über

Das Gnadenbild im Birnbaum

Die Kirche von Maria Birnbaum mit ihrer eigenwilligen Architektur ist in der Baukunst des 17. Jahrhunderts einmalig.

den Hauptkuppeln heraus. Der Grundriss der Kirche besteht fast nur aus Rundformen. Tritt man in das Innere, so ist man beeindruckt von der Wirkung der großen Rotunde mit der flachen Kuppel und der Helligkeit des Raumes, vom Licht aus 64 Fenstern. Und wer genau hinsieht, entdeckt, dass sich die Kuppel ganz oben in eine weitere lichterfüllte Rotunde öffnet. Im Osten weitet sich der Raum zur Apsis mit dem Hochaltar. An der Westwand befindet sich eine schmale, hohe Nische, in der ursprünglich der Birnbaum mit dem Gnadenbild stand. Im 19. Jahrhundert wurde der Birnbaum hinter dem Hochaltar aufgestellt. Der Hochaltar ist in Schwarz und Gold gefasst. Unter dem Altarbild der Kreuzabnahme von Johann Heel steht das kleine Gnadenbild, eine Pietà aus dem 16. Jahrhundert. Die Kirche von Maria Birnbaum mit ihrer eigenwilligen Architektur, erbaut nach Plänen des kurfürstlichen Baumeisters Konstantin Bader, ist in der Baukunst des 17. Jahrhunderts in Bayern einmalig und setzte für die Architektur des Barock neue Maßstäbe.

Der Bau der Wallfahrtskirche ist einzigartig in der europäischen Architekturgeschichte. Er zeigt deutliche Anleihen aus Italien. Die Rotunde erhielt auf Wunsch des Bauherrn die Form des römischen Pantheons.

Wallfahrtsleben Maria Birnbaum zählt bis heute zu den beliebtesten Wallfahrtsstätten im Augsburger Raum. Wie früher kommen viele Fußwallfahrergruppen aus der näheren Umgebung zu dem beliebten Gnadenbild. Darüber hinaus besuchen viele Pfarrgemeinden aus nah und fern mit Bussen die prächtige Kirche und feiern Wallfahrtsgottesdienste. Natürlich zieht es auch viele Kunstfreunde nach Maria Birnbaum. Der alljährliche Höhepunkt sind das Bruderschaftsfest am Ostermontag und das Patrozinium am Fest der Sieben Schmerzen Mariens am 15. September.

Wallfahrtsorte in Schwaben

31 Maria Vesperbild: beliebtes Marienheiligtum in Schwaben

Ursprung Im Gegensatz zu anderen Wallfahrten geht der Ursprung von Maria Vesperbild auf keine Legende, keine Erscheinung und kein Wunder zurück. Den Anstoß für die Wallfahrt gab um 1650, nach der Schreckenszeit des Dreißigjährigen Krieges, der Pfleger der Herrschaft von Seyfriedsberg, Jakob von Sanct Vincent, der unterhalb des Schlosses zum Dank für die Rettung vor plündernden Soldaten eine Feldkapelle errichtete. In sie stellte er ein Vesperbild, und bald schon pilgerten die Menschen der näheren Umgebung zu dem geschnitzten Bild der Schmerzensmutter und suchten Trost und Hilfe in ihren Anliegen. Als Gebetserhörungen bekannt wurden, vergrößerte sich die Zahl der Beter so sehr, dass die Kapelle bereits 1673 erweitert werden musste.

Anfahrt: *Autobahn A 8 München-Stuttgart, Ausfahrt Zusmarshausen, über Dinkelscherben nach Ziemetshausen und Maria Vesperbild • Bundesstraße 300 Augsburg-Krumbach, von Ziemetshausen nach Maria Vesperbild • sonntags eigene Buslinie vom Augsburger Bahnhof nach Maria Vesperbild*
Kirche: *Besondere Pilgergottesdienste und Führungen nach Vereinbarung*
Kontakt: *Wallfahrtsdirektion, Tel. 082 84/80 38, Fax 082 84/83 58,*
E-Mail: *wallfahrtsdirektion@maria-vesperbild.de*
Einkehr: *Gasthof Zur Linde, Tel. 08284/201, Gasthof Adler, Tel. 082 84/99 79 40*
Sehenswert: *Oberschönenfeld: Kloster und Volkskundemuseum, Schloss Kirchheim*

Entwicklung Die Grafen von Oettingen-Wallerstein, die 1667 in den Besitz von Seyfriedsberg kamen, waren der Wallfahrt nach Maria Vesperbild wohlgesonnen und ließen 1725 einen Kirchenneubau errichten, der aber nach kaum 30 Jahren wegen Baufälligkeit abgebrochen werden musste. Die Barockkirche, die daraufhin unter der Leitung des Ziemetshauser Baumeisters Johann Georg Hitzelberger entstand, konnte 1756 eingeweiht werden. Bereits 1788 wäre sie fast den wallfahrtsfeindlichen Restriktionen des österreichischen Kaisers Franz Joseph II. zum Opfer gefallen. Die Säkularisation brachte einen tiefen Einbruch im Wallfahrtsleben. Lange Zeit blieb Maria Vesperbild eine kleine Wallfahrt, die nur von Pilgern aus der engeren Region aufgesucht wurde. In

Im Hochaltar das Gnadenbild

den letzten Jahren erlebte der Gnadenort eine neue Blüte. Maria Vesperbild ist heute einer der meistbesuchten bayerischen Wallfahrtsorte. An Festtagen wird der Gottesdienst per Video auf den Kirchenplatz übertragen.

Wallfahrtskirche Schon von weitem grüßt der schlanke Zwiebelturm die Pilger, die durch die alte Lindenallee von Ziemetshausen zur barocken Wallfahrtskirche ziehen. Obgleich sich Maria Vesperbild nicht mit den vielen berühmten Barockkirchen unseres Landes messen kann, ist man von der Geschlossenheit des Kirchenraumes angetan. Er strahlt eine Atmosphäre der Geborgenheit und Frömmigkeit aus. Die Kirche präsentiert sich nunmehr, nach einer Restaurierung und einer gelungenen Ergänzung der Innenausstattung, in neuem Glanz. Ein großer Gewinn ist auch die Neugestaltung des Kirchenvorplatzes. Im Chor der Kirche befindet sich der Hochaltar mit dem Gnadenbild aus dem Jahre 1650. Der Gedanke des Gnadenbildes wird in den Deckengemälden des Chores und des Hauptschiffes weitergeführt: die Schmerzensmutter unter dem Kreuz. Beide Fresken sind ein Werk des Tiroler Malers Balthasar Riepp. Die drei Altäre verstehen sich als Lobpreis auf den Rosenkranz. Unweit der Kirche, mitten im Wald, besteht seit 50 Jahren ein zweites Zentrum der Wallfahrt. Es ist eine Fatimagrotte, die viele Wallfahrer aufsuchen. Am Pfingstsonntag und an Mariä Himmelfahrt ist sie Ausgangspunkt und Ziel einer großen Lichterprozession.

Wallfahrtsleben Der 300-jährige Gnadenort Maria Vesperbild hat bis heute nichts von seiner einstigen Ausstrahlung eingebüßt. Aus nah und fern, in Gruppen und einzeln, zu Fuß und mit Fahrzeugen kommen Pilger in großer Zahl. Maria Vesperbild ist ein beeindruckender Ort lebendiger Volksfrömmigkeit.

Die Wallfahrtskirche Maria Vesperbild bei Ziemetshausen

Maria Vesperbild zählt heute zu den größten Wallfahrtsorten in Bayern. Mit Hilfe von Außenmonitoren können Wallfahrer, die in der Kirche keinen Platz mehr finden, die Gottesdienste auf dem Kirchenplatz mitfeiern.

Wallfahrtsorte in Schwaben

32 Maria Steinbach: Rokokokleinod im Allgäuer Hügelland

Ursprung Das kleine Allgäuer Dorf gehörte seit ältesten Zeiten zum Prämonstratenserstift Rot an der Rot. 1723 schenkte Abt Hermann Vogler der Kirche von Steinbach einen Splitter des heiligen Kreuzes. Als daraufhin der kostbare Reliquienschatz öffentlich zur Verehrung ausgesetzt wurde, entwickelte sich bald eine Wallfahrt. Diese wurde dadurch gefördert, dass im Hochaltar der Kirche ein altes spätgotisches Kreuz aufgestellt wurde, das ursprünglich in einer Feldkapelle hing.

Anfahrt: *Autobahn A 7 Kempten-Memmingen, Autobahn A 96, Ausfahrt Aitrach, in Richtung Aitrach, bei Lautrach nach Maria Steinbach abbiegen • Autobahn A 96/ Bundesstraße 18 München-Memmingen, Autobahn A 96, Ausfahrt Aitrach, in Richtung Aitrach, bei Lautrach nach Maria Steinbach*
Kirche: *Besondere Pilgergottesdienste und Führungen nach Vereinbarung*
Kontakt: *Kath. Pfarramt, Tel. 083 94/92 40, Fax 083 94/9 24 29*
Einkehr: *Steinbach: Landgasthof Löwen, Tel. 083 94/92 67 05, Lautrach: Gasthaus Rössle, Tel. 083 94/2 84, Legau: Gasthaus Zum Kreuz, Tel. 083 39/93 38 33*
Sehenswert: *Benediktinerabtei Ottobeuren, Karthäuserkloster Buxheim*

Entwicklung Für die junge Wallfahrt war ein Vorfall sehr bedeutsam, der sich 1730 ereignete: Mehrere Gläubige wollten an der Marienfigur eine »Augenwende«, ein Öffnen und Schließen der Augen, sowie Tränen beobachtet haben. Darüber hinaus berichteten Bauern, dass in finsteren Herbstnächten die Kirche plötzlich hell erleuchtet gewesen sei. Diese Erscheinungen ließen den Wallfahrerstrom gewaltig ansteigen, sodass die alte Kirche die Massen der Wallfahrer nicht mehr fasste. So entschloss man sich zu einem Neubau, der zwischen 1746 und 1753 ausgeführt wurde. Für die Innenausstattung gewannen die bauausführenden Äbte vom nahen Kloster Rot die hervorragenden Stuckateure Johann Georg Üblher und Franz Xaver Schmuzer aus Wessobrunn. Als 1803 die Prämonstratensermönche infolge des staatlichen Eingriffs Maria Steinbach verlassen mussten, wurde es ruhig um die Wallfahrt.

Weinender Puttenengel an einem Beichtstuhl

Wallfahrtskirche Die Kirche mit dem prachtvollen Turm ist das Werk eines bis heute unbekannten Meisters, der wohl von Dominikus Zimmermann inspiriert wurde. Nach einer gründlichen Innenrenovierung erstrahlt sie nun wieder im einstigen Rokokoglanz. Das Licht strömt aus zwei übereinander laufenden Fensterreihen in den überaus elegant wirkenden Raum, der durch Pfeiler und Emporen gegliedert ist. Am Eingang zum Chor hängt das große Kreuz eines unbekannten Meisters (um 1630) tief in den Raum und erinnert daran, dass hier seit 1723 ein Splitter des hl. Kreuzes verehrt wird. Gleich darunter, auf einem herrlichen

Der Innenraum der Kirche in Rokokopracht

Zu Füßen der Schmerzhaften Muttergottes am Gnadenaltar postierte der Wessobrunner Künstler Johann Georg Üblher zwei Puttenengel, das berühmte »Plärrengele« und das »Trotzengele«.

Stuckmarmoraltar, ist der eigentliche Mittelpunkt der Wallfahrtskirche, das Gnadenbild der Schmerzhaften Mutter, umgeben von Engelsfiguren des Wessobrunner Meisters Johann Georg Üblher. Die ausdrucksvolle Figur Mariens im goldenen Strahlenkranz stammt aus dem frühen 17. Jahrhundert. Immer wieder fällt der Blick des Betrachters auf das riesige Deckenfresko, ein Meisterwerk von Franz Georg Hermann aus Kempten (signiert 1752). Schwerelos umspielt werden die Fresken von schwungvollen Stuckaturen. Das große Hochaltarbild zeigt die Aufnahme der Gottesmutter in den Himmel. Zu den besonderen Kostbarkeiten der Kirche zählen neben der Kanzel und der Orgel die vielen Votivbilder (über 1000), von denen nur ein kleiner Teil in der Kirche angebracht ist.

Turm und Langhaus bilden eine Einheit.

Wallfahrtsleben Maria Steinbach, an der Oberschwäbischen Barockstraße gelegen, hat seine Anziehungskraft als Wallfahrtsstätte bis heute bewahrt. Viele Pfarreien aus der Umgebung ziehen wieder »mit dem Kreuz« nach Maria Steinbach. Daneben kommen Gruppen mit Bussen. An allen Tagen finden sich hier Beter ein, um ihre Sorgen und Nöte vor das Gnadenbild zu bringen. Nicht zu vergessen sind die zahllosen Kunstfreunde, die sich nach der Renovierung am neuen Glanz dieses Kleinods erfreuen. Wallfahrtshöhepunkte sind die Kreuzfeste (3. Mai/14. September), die Fastenzeit, die Marienfeste und der Pfingstmontag. Das Doppelpatrozinium der Kirche wird gefeiert am Fest der Schmerzhaften Muttergottes (15. September) und am Fest des Mitpatrons St. Ulrich (4. Juli).

Wallfahrtsorte in Schwaben

33 Maria Rain: »Liebe Frauenkapelle auf den Rainen« bei Nesselwang

Ursprung In einem Fresko im südlichen Eingang der Kirche ist die Entstehung der Wallfahrt in Bild und Wort festgehalten. Danach war es »um das Jahr nach Christi Geburt 1414, dass hier zu Ehren Mariens eine Kapelle erbaut wurde, in welcher viel Gnaden und Wunderzeichen durch die fürbitt der Himmelskönigin von Gott den Menschen ertheilet worden. Nachdem grose Gnaden den Krum und Lahmen, so die hinterlassenen Krücken Zeugnis geben, widerfahren, ist gegenwärtiges Gotteshaus erbaud worden.«

Anfahrt: *Autobahn A 7 Kempten-Füssen, Ausfahrt Oy/Mittelberg, Bundesstraße 309 in Richtung Pfronten, dann nach Maria Rain • Autobahn A 96 München-Lindau bis Memmingen, Autobahn A 7 bis Oy/Mittelberg, Bundesstraße 309 in Richtung Pfronten, abbiegen nach Maria Rain*
Kirche: *Besondere Pilgergottesdienste und Führungen nach Vereinbarung*
Kontakt: *Kath. Pfarramt Oy, Tel. 08366/1485, Fax 08366/1581*
Einkehr: *Oy/Mittelberg: Gasthaus Hirsch, Tel. 08366/922130, Gasthaus Schnackenhöhe, Tel. 08366/206*
Sehenswert: *Burgruine Eisenberg und Hohenfreyberg, Schloss Neuschwanstein*

Entwicklung Historisch gesichert ist eine erste Kapelle im Jahre 1414. Dies bestätigt die Einsetzung eines Kaplans, der täglich die heilige Messe feierte. Durch den Bau der »lieben Frauenkapelle auf den Rainen« nahm die junge Wallfahrt einen großen Aufschwung. Vor allem im Dreißigjährigen Krieg kamen viele Pilger hierher. 1648 erhielt die Kirche anstelle der Holzdecke ein Tonnengewölbe. Neuen Auftrieb gewann die Wallfahrt durch ein Vesperbild, das 1686 für die Kirche gestiftet wurde. Wie an vielen Orten wurden auch hier die gotischen Fenster durch Rundbogen ersetzt und die Seitenaltäre erneuert. In einem Visitationsbericht aus dem Jahre 1749 findet sich ein Hinweis auf einen eigenartigen Wallfahrtsbrauch: »In der Kirche sind zwei Hennenstiegen, eine im Chor, eine im Schiff, zum Empfang der Hennen und Hühner.« Man nimmt an, dass es sich dabei um Wallfahrtsopfer handelte, ein Brauch, der auch in einigen Tiroler Gnadenorten bekannt ist.

Wallfahrtskirche Abseits der lauten Durchgangsstraße erhebt sich die Wallfahrtskirche mit dem roten Ziegeldach, überragt von einem massiven Sattelturm. Der äußerlich schlichte Bau mit überdachten Eingängen an der Süd- und Nordseite lässt nicht den Reichtum der Kirche im Inneren ahnen. Das heuti-

Rokokopracht in der kleinen Dorfkirche

Der Bau der äußerlich schlichten Kirche entstand Ende des 15. Jahrhunderts.

ge Aussehen verdankt der dreischiffige Kirchenraum einer Umgestaltung in den ersten Jahrzehnten des 18. Jahrhunderts. Damals erhielt die ursprünglich spätgotische Kirche auch den spätbarocken Stuckdekor. Herz- und Schmuckstück der Kirche ist der Hochaltar, ein Meisterwerk spätgotischer Allgäuer Schnitzkunst aus dem Jahr 1519. Er schafft den Rahmen für den prunkvollen Gnaden- und Tabernakelaltar, künstlerisch gesteigert durch den dreiteiligen Hochaltarschrein sowie die lebensgroßen Figuren der Heiligen Jakobus des Älteren, Heraklius, Helena und Johannes des Evangelisten. Darüber folgen in drei Szenen: Mariä Krönung, Mariä Verkündigung und Mariä Heimsuchung. Ganz oben, gleichsam als Abschluss des genialen Schnitzwerkes von Jakob Schick, eine Darstellung des Erlösungswerkes: der Gekreuzigte mit seiner Mutter und mit Maria und Johannes. Zentraler Blickfang des Altars und Mittelpunkt der Wallfahrt ist in einer Nische das Gnadenbild: eine spätgotische Darstellung der Muttergottes mit Zepter und Kind inmitten einer Strahlengloriole.

Ein besonderer Blickfang in der Kirche ist die Kanzel von dem Pfrontener Hans Peter Heel, getragen von lebensgroßen Engeln (1762).

Wallfahrtsleben Maria Rain zählt nicht zu den großen, überlaufenen Wallfahrtsorten, hat aber einen herausragenden Platz in der noch heute lebendigen Volksfrömmigkeit des Allgäus. Nach alter Tradition suchen jedes Jahr mehrere Pfarreien die Kirche nördlich von Nesselwang auf und feiern hier einen Wallfahrtsgottesdienst, so wie es seit 500 Jahren Brauch ist. Seit einigen Jahrzehnten wird Maria Rain als Ort der Fatima-Verehrung besonders gepflegt. Am 13. eines jeden Monats versammeln sich Gläubige in der Marienkirche zum gemeinsamen Gebet. Ziemlich ungewöhnlich ist, dass dieser marianische Wallfahrtsort sein Patrozinium am Fest Kreuzerhöhung (14. September) feiert. Dem trägt auch der Hochaltar in seinem oberen Teil Rechnung.

Wallfahrtsorte in Schwaben

34 Maria Trost: Gnadenort in den Allgäuer Bergen

Ursprung Die Wallfahrt verdankt ihre Entstehung einem aus Brandschutt geretteten Marienbild, das Rudolf von Grimming auf dem Plainberg bei Salzburg zur Verehrung aufstellte. Als der Graf 1658 seine Heimat mit dem Marienbild verließ, blieb auf dem Plainberg lediglich eine Kopie zurück. Auf dem Rückweg von einer Wallfahrt nach Einsiedeln ließ er sich auf einer hoch gelegenen Alpweide, dem Wankerberg, als Klausner mit seinem Bild nieder.

> **Anfahrt:** *Bundesstraße 310/309 Füssen-Nesselwang, von Nesselwang in einstündiger Wanderung auf einem kurvenreichen Schotterweg zur 1125 Meter hoch gelegenen Wallfahrtskirche (PKW-Anfahrt gegen Mautgebühr in den Sommermonaten möglich)*
> **Kirche:** *Besichtigung durch ein Gitter möglich. In den Sommermonaten an allen Sonntagen von 14 bis 16 Uhr geöffnet. Besondere Pilgergottesdienste nach Vereinbarung.*
> **Kontakt:** *Kath. Pfarramt in Nesselwang, Tel. 08361/92080, Fax 08361/920810*
> **Einkehr:** *Alpengasthof Sonnenbichl, Tel. 08361/3163, Fax 08361/3260,*
> *Alpenhotel Martin, Tel. 08361/1424, Fax 08361/1890,*
> *Brauerei-Gasthof Post, Tel. 08361/30910, Fax 08361/30973*
> **Sehenswert:** *Wallfahrtskirchen Maria Rain und Maria Hilf in Speiden, Burgen Hohenfreyberg und Eisenberg, Königsschlösser Neuschwanstein und Hohenschwangau*

Entwicklung Das Volk aus den umliegenden Tälern muss dem Marienbild wahrlich zunehmend Vertrauen entgegengebracht haben, was über 700 Gebetserhörungen vermuten lassen. Durch zahlreiche Spenden ermöglicht, konnte 1662 der Bau einer steinernen Kapelle fertiggestellt werden. Die Kirche erhielt den Namen Maria Trost, weil viele in großer Not hier eine Zuflucht fanden. Der Zulauf muss so groß gewesen sein, dass andere Wallfahrtsstätten in der Umgebung in ihr eine Konkurrenz sahen. Vor allem war ihnen Rudolf von Grimming wegen der reichen Opfergelder ein Dorn im Auge. Nach massivem Druck musste der Einsiedler Maria Trost verlassen. Das Marienbild aus dem Salzburger Land kam in die Nesselwanger Pfarrkirche. Lediglich eine Kopie des Bildes verblieb in der Wallfahrtskirche auf dem Berg. Trotz der Streitigkeiten büßte der neue Wallfahrtsort auf dem Wankerberg nichts von seiner Beliebtheit ein. Dank einer großen Spendenfreudigkeit konnte schon bald eine neue Kirche gebaut werden, die 1725 geweiht wurde. In den folgenden Jahren erhielt sie eine herrliche Rokokoausstattung. Zur weiteren Förderung der Wallfahrt trugen päpstliche Ablässe und eine Bruderschaft bei. Wenn es auch zu Beginn des 19. Jahrhunderts um die Wallfahrt etwas ruhiger wurde, zog es die Gläubigen doch bald wieder zu der einsamen Wallfahrtskirche. In den letzten fünfzig Jahren erlebte die Wallfahrt eine neue Blüte. Von Maria Trost sind alle begeistert, die in der Abgeschiedenheit der Berge Besinnung und Entspannung suchen.

Oben: Ausschnitt aus dem Langhausfresko von Franz Anton Weiß: Prozession von Armen, Kranken und Pilgern aller Stände

Wallfahrtskirche Wer nach einer einstündigen Wanderung auf der Mautstraße oder auf einem Fußweg, vorbei an 14 Kreuzwegstationen, die Wallfahrtskirche auf dem Wankerberg erreicht, ist begeistert von ihrer idyllischen Lage inmitten einer kleinen Lichtung. Den kleinen Chor aus dem Jahr 1659 überragt ein achteckiger, verschindelter Dachreiter. 1937 wurde die einstige Klausnerwohnung zu einem Bergheim der Katholischen Jugend ausgebaut, das unmittelbar an den Chor der Kirche anschließt.

Die einsame Wallfahrtskirche auf dem Wankerberg über Nesselwang

Wer durch das Westportal in die Kirche eintritt, ist vom Glanz und Reichtum ihrer Ausstattung überrascht. Ein riesiges Deckenfresko überspannt das gesamte Kirchenschiff. Das Gemälde ist ein Lobpreis auf die Himmlische Frau. Im östlichen Bildfeld stellen Engel das Gnadenbild Maria Trost vor, umgeben von Armen, Kranken und Pilgern aller Stände. Im westlichen Kuppelraum erscheint Maria im Spiegel des Alten Bundes. Die Fresken wurden um 1770 von einem unbekannten Künstler geschaffen. Der Hochaltar aus dem Jahre 1710 zieht mit seinen sechs gewundenen Säulen den Blick des Betrachters auf sich. Das Altarbild eines Nesselwanger Malers zeigt die Himmelfahrt Mariens. Darunter ist das kleinere Gnadenbild, das wohl die Kopie des Plainer Marienbildes ist. Dem Fresko und Hochaltar stehen die beiden Seitenaltäre und die Kanzel in künstlerischer Qualität – jeweils in reichem Rokokostuck ausgeführt – nicht nach. Der linke Altar ist der hl. Anna, der rechte dem hl. Joachim geweiht. Eine besondere Kostbarkeit der Wallfahrtskirche sind die 38 Votivbilder, deren Datierung bis ins 18. und 19. Jahrhundert zurückreicht.

In der Kirche hängt ein großes Votivbild, das Nesselwang 1796 für die Errettung aus Feuersgefahr im französischen Krieg stiftete. Aus Sicherheitsgründen sind von diesem und den anderen Votivbildern nur Kopien aufgehängt.

Wallfahrtsleben Die Wallfahrt Maria Trost kann auf eine über 300-jährige Tradition zurückblicken und erfreut sich wieder größter Beliebtheit. Zu allen Jahreszeiten kommen Wanderer, aber auch viele Beter zu dem idyllisch gelegenen Kirchlein auf dem Wankerberg über Nesselwang. Vom 1. Mai bis zum 31. Oktober wird jeden Samstag um 9.30 Uhr ein Wallfahrtsgottesdienst gefeiert. Im Frühjahr und Herbst kommen an den Samstagen zur Wallfahrermesse mehrere Pfarrgemeinden. Ein besonderes Erlebnis ist alljährlich am dritten Sonntag im Mai die Wallfahrt der Allgäuer Trachtenvereine.

Der Hochaltar mit sechs gewundenen Säulen und reichem, vergoldeten Akanthusdekor und einem Bild der Himmelfahrt Mariens

Wallfahrtsorte in Schwaben

35 Speiden: beliebte Allgäuer Mariahilf-Wallfahrt

Ursprung Als im Jahre 1635, mitten im Dreißigjährigen Krieg, rund um Füssen die Pest wütete, waren bei einem Maurer drei Reiter einquartiert, die seiner hungernden Tochter öfter Brot zukommen ließen. Aus Dankbarkeit ließ er neben den Gräbern der an der Pest gestorbenen Soldaten eine Kapelle errichten und stellte ein Madonnenbild hinein, das er auf einem Dachboden einer Wirtschaft gefunden hatte. Das Marienbild in der Kapelle fand bald viele Verehrer. Diese Gnadenkapelle befindet sich heute vor dem Südeingang der Wallfahrtskirche.

> **Anfahrt:** Autobahn Kempten-Füssen, Ausfahrt Oy-Mittelberg, Bundesstraße 310 bis Pfronten, von hier nach Eisenberg • Staatsstraße Füssen-Hopfensee-Hopferau, weiter nach Eisenberg
> **Kirche:** Besondere Pilgergottesdienste nach Vereinbarung
> **Kontakt:** Kath. Pfarramt Eisenberg-Zell, Tel. 08363/6750, Fax 08363/9 22 65
> **Einkehr:** Restaurant Christine, Tel. 08364/1073, Mariahilfer Sudhaus, Tel. 08364/8556
> **Sehenswert:** Burgruinen Freyberg, Eisenberg und Falkenstein (Pfronten)

Entwicklung In den folgenden Jahren kamen zu dem kleinen Ort am Fuß der mittelalterlichen Burgruinen Hohenfreiberg und Eisenberg nicht nur Pilger aus dem Allgäuer Raum, sondern auch aus Tirol, dem Salzburger Land, aus Vorarlberg und dem Neckargebiet, sodass dank der reichlich fließenden Opfergelder der Bau einer Kirche finanziert werden konnte. Von diesem um 1644 errichteten Bau sind noch Teile in der heutigen Kirche erhalten. Als in Maria Speiden zahlreiche Guttaten bekannt wurden, entschloss man sich 1660 zu einem größeren Neubau. Das heutige Aussehen im Inneren erhielt die Kirche im Jahre 1783, im ausklingenden Rokoko. Die großzügige Ausstattung ermöglichte der große Zulauf an Wallfahrern. In der Säkularisation verlor die Wallfahrt an Bedeutung, Pilger blieben weitgehend aus. Wie andernorts lebte die Wallfahrtstradition aber in der Mitte des 19. Jahrhunderts wieder auf. Heute suchen wieder viele Beter die kleine Allgäuer Kirche auf.

Die unscheinbare, kleine Wallfahrtskirche

Rechts: Das Gnadenbild im Hochaltar von Johann Peter Heel

Wallfahrtskirche Die kleine Kirche mit dem niedrigen Zwiebelturm fügt sich harmonisch in die hügelige Landschaft ein. Nach Allgäuer Art sind die Wetterseiten von Kirche und Turm mit Holzschindeln vertäfelt. Die Beschwingtheit des Innenraumes, die den Besucher überrascht, verdankt die Kirche einer aufwändigen Renovierung im Jahre 1783, als Langschiff und Chor einen zarten Stuckdekor erhielten. An den Decken schuf Joseph Anton Keller mit zarten Farben Fresken, die Szenen aus dem Leben und Wirken Mariens zeigen. Das große Gemälde

Die kleine Kirche wurde von bedeutenden Künstlern, unter ihnen Matthäus Günther, ausgestattet.

an der Decke des Kirchenraumes veranschaulicht, wie Gottes Gnade durch Maria den sündigen Stammeltern zuteil wird. Im Mittelpunkt des Freskos im Chorgewölbe steht die Himmelfahrt Mariens. Zentraler Blickfang in der Kirche sind die drei Rokokoaltäre des Pfrontener Bildhauers Johann Peter Heel aus dem Jahre 1732. Der Hochaltar, 1783 bis 1967 Gnadenaltar, bildet jetzt den prächtigen Rahmen für eine thronende Muttergottes mit Kind aus dem 19. Jahrhundert, die durch ein rückwärtiges Fenster in goldenes Licht getaucht wird. Eine Vielzahl von Engeln sowie Figuren der Heiligen Joachim und Zacharias verehren die Himmlische Frau. Der eigentliche Wallfahrtsmittelpunkt ist nicht die Kirche, sondern die kleine Gnadenkapelle auf dem Vorplatz der Kirche. 1635/36 errichtet, gleicht sie im Inneren einer Grotte, die zum Stillewerden einlädt. Den schweren Stuckdekor schuf Johann Schmuzer aus Wessobrunn um 1680. Die kleine Apsis bildet den stimmungsvollen Rahmen für das spätgotische Gnadenbild. Auf dem Sockel der Figur ist die Entstehungsgeschichte der Kapelle dargestellt.

Wallfahrtsleben Mariahilf in Speiden hat bis heute nichts von der einstigen Anziehungskraft eingebüßt. Die Wallfahrtskirche und die Gnadenkapelle sind zu allen Zeiten des Jahres das Ziel von Betern. Beträchtlich angewachsen ist ihre Zahl seit der Feier des 350-jährigen Wallfahrtsjubiläums im Jahre 1987. In der Wallfahrtszeit pilgern nach alter Tradition zwischen Mai und Oktober wieder Pfarreien aus der näheren Umgebung zu diesem Gnadenort. Daneben kommen viele Wallfahrergruppen mit Bussen. Ein Höhepunkt ist alljährlich die Feier des Patroziniums der Kirche am Fest Maria Heimsuchung (2. Juli).

In dem Mirakelbuch mit dem Titel »Mater admirabilis« wurden im 18. Jahrhundert Wundertaten notiert.

Wallfahrtsorte in Niederbayern

36 Vilsbiburg: Maria Hilf auf dem Berg über dem Vilstal

Ursprung Angesichts der großen Bedrohung des Abendlandes durch die Türken und der Entscheidungsschlacht am 12. September 1683 auf dem Kahlenberg bei Wien ging durch Europa der Ruf: »Maria Hilf!« und »Maria hat geholfen«. Wie an anderen Orten kam es auch in Vilsbiburg zu Dankbarkeitsbekundungen. In der Stadt an der Vils war es der aus Locarno stammende Kaminkehrer Donatus Barnabas Orelli, der in seiner neuen Heimatstadt auf dem Berg über dem Vilstal drei Kreuze errichten ließ. 1686 wurde der Grundstein für eine Kapelle gelegt, zu der schon bald eine Wallfahrt entstand.

Anfahrt: *Autobahn München-Landshut, Ausfahrt Landshut Nord oder Landshut Essenbach, Bundesstraße 299 Geisenhausen-Vilsbiburg • Bundesstraße 388 Garching-Erding-Vilsbiburg*
Kirche: *Besondere Pilgergottesdienste und Führungen nach Vereinbarung*
Kontakt: *Wallfahrt Maria Hilf, Tel. 087 41/73 41, Fax 087 41/89 14*
Einkehr: *Cafe/Restaurant Gabriel 2, Tel. 087 41/92 46 13, Heidi`s Cafe/Restaurant, Tel. 087 41/9 69 70, Gasthaus Köck in Gerzen, Tel. 087 44/9 61 00, Spirklhof in Rothewört, Tel. 087 22/9 60 90*
Sehenswert: *Landshut: Altstadt, Burg Trausnitz; Altötting, Burghausen*

Entwicklung Der wachsende Wallfahrerstrom machte schon nach fünf Jahren eine Erweiterung der Kapelle erforderlich. Mit einem Neubau wurde Domenico Christoforo Zuccalli, ein Mitglied der berühmten Baumeisterfamilie, beauftragt. 1710 war die Weihe der Maria-Hilf-Kirche auf dem Kalvarienberg, die im Barockstil ausgestattet wurde. Durch die Säkularisation kam es zu einem Stillstand der blühenden Wallfahrt. Die Kapuziner, die bisher die Wallfahrer betreut hatten, mussten Vilsbiburg verlassen. Kirche und Kloster sollten auf Abbruch versteigert werden, was durch einen Landrichter verhindert werden konnte. Das Gnadenbild blieb in der Wallfahrtskirche. 1846 übernahmen Redemptoristenpatres die Wallfahrtsseelsorge, 1886 kehrten die Kapuziner wieder zurück. Unter ihnen war auch Pater Viktrizius Weiß, der bis zu seinem Tod 1924 hier wirkte. Für ihn läuft zur Zeit ein Seligsprechungsverfahren. 1999 verließen die Kapuzinermönche den Heiligen Berg von Vilsbiburg. An ihre Stelle traten Salesianer Don Boscos.

Aus dem 15. Jh. stammt diese schöne Skulptur Maria im Strahlenkranz.

Wallfahrtskirche Nachdem 1830/31 die Kirche wegen Baufälligkeit abgetragen werden musste, entschloss man sich zu einem Neubau, der 1836 eingeweiht werden konnte. Erst später wurden die beiden Türme errichtet. Gegen Ende des 19. Jahrhunderts wurde die Kirche neuromanisch umgebaut und 1898/99 im Nazarenerstil ausgestattet. In den Jahren 1952 bis 1962 wurde die neuromani-

Das Ziel vieler Pilger: die Wallfahrtskirche Maria Hilf

sche Innenausstattung wieder entfernt und die Kirche im Barockstil umgestaltet. Die Kirche mit einer sehr lebhaften Baugeschichte wurde in den letzten Jahren total renoviert. Der Hochaltar der heutigen Kirche wurde nach alten Plänen im barocken Stil nachgebaut. In seiner Mitte ist das alte Gnadenbild Maria Hilf, eine Kopie des Bildes von Lukas Cranach, umgeben von den Heiligen Bruder Konrad, Elisabeth, Christophorus, Johannes der Täufer, Klara und Leonhard. Im Mittelschiff ist ein barockes Kreuz mit der Schmerzensmutter. Im linken Seitenschiff befindet sich ein »Herrgott in der Rast«, ein Werk eines Leinberger-Schülers aus dem frühen 16. Jahrhundert. Der St.-Anna-Altar im rechten Seitenschiff hat spätgotische Figuren mit einer sitzenden Anna Selbdritt, mit Petrus und Agnes. Viele Beter finden sich hier am Grab des verehrten Pater Viktrizius Weiß ein.

Wallfahrtsleben Die Wallfahrt zum Maria-Hilf-Berg in Vilsbiburg erlebte in den letzten Jahrzehnten eine neue Blüte. Nach alter Tradition kommen Fußwallfahrergruppen aus den Diözesen Passau und Regensburg sowie aus der Umgebung. In den letzten Jahren entwickelte sich die Wallfahrt zu einem Zentrum der Fatimaverehrung (jeden 13. des Monats mehrere Gottesdienste). Höhepunkte im Wallfahrtsleben sind eine Jugendwallfahrt, eine Kranken- und Altenwallfahrt und eine Männerwallfahrt. Vilsbiburg ist eine beliebte Wallfahrt in der Diözese Regensburg, die von Mai bis Oktober von vielen Pilgern aufgesucht wird.

Altes Gebet
O Maria, hilf, o Maria, hilf,
o Maria, hilf doch mir,
ein armer Sünder kommt zu dir.
Im Leben und im Sterben, lass uns nicht verderben,
lass uns in keiner Todsünd sterben.
Steh uns bei im letzten Streit,
o Mutter der Barmherzigkeit.

Wallfahrtsorte in Niederbayern

37 Haindling: Marienwallfahrt im fruchtbaren Laabertal

Ursprung An der Stelle, wo heute die beiden Zwiebeltürme der Wallfahrts- und der Kreuzkirche von einer Anhöhe ins Laabertal und in die weite Donauebene grüßen, soll sich um 800 eine altgermanische Thingstätte befunden haben. Eine Kirche wird in Haindling urkundlich erstmals 1031 erwähnt. Über den Ursprung der Marienwallfahrt gibt es keine zuverlässigen Quellen. Die Wallfahrt, die im 14. Jahrhundert ihren Anfang genommen haben dürfte, hatte sich anscheinend gut entwickelt, denn die erste Kapelle musste mehrmals erweitert werden.

Anfahrt: *Autobahn A 9/92, Ausfahrt Landshut-Essenbach, Bundesstraße 15 Richtung Regensburg, nach Neufahrn in Richtung Straubing, in Geiselhöring nach Haindling*
Kirche: *Besondere Pilgergottesdienste nach Vereinbarung*
Kontakt: *Kath. Pfarramt, Tel. 09423/9022 57*
Einkehr: *Gasthof Erlbräu, Tel. 09423/90 20 87, Cafe Löw in Geiselhöring, Tel. 09423/4 04*
Sehenswert: *Kreuzkirche in Haindling, Kloster Mallersdorf*

Entwicklung Im Jahre 1439 wurde mit dem Bau einer großen Kirche begonnen, da bereits eine Wallfahrt bestand. Bedeutend gefördert wurde sie durch zahlreiche Ablässe. Hinzu kam, dass seit 1337 die Benediktiner von St. Emmeram in Regensburg in Haindling ein Wallfahrtskloster unterhielten. Nach dem Dreißigjährigen Krieg kamen viele Pfarrgemeinden aus der engeren und weiteren Umgebung, auch aus Regensburg, Landau und Freising, nach Haindling. Im 18. Jahrhundert förderte der Regensburger Weihbischof Albert Graf von Wartenberg die Wallfahrtsbegeisterung. 1715 schmückte er das gotische Wallfahrtsbild mit goldener Krone, Zepter und Strahlenkranz. 1803 wurde das Kloster aufgehoben und der Besitz der Kirche säkularisiert. Nach einem mehrjährigen Stillstand erlebte die Wallfahrt im vergangenen Jahrhundert einen neuen Aufschwung.

Wallfahrtskirche Die Marienkirche bildet zusammen mit der daneben stehenden Kreuzkirche, die jetzt als Kriegergedächtnisstätte dient, eine imposante bauliche Einheit. Beide Kirchen auf dem Hügelrücken sind von einer Mauer und dem Friedhof umgeben. In der Barockzeit erbaute das Benediktinerkloster St. Emmeram in Regensburg, das bis 1803 Grundherr des Ortes Haindling war, die Marien- und die Kreuzkirche. Mit dem Bau der

Votivbild aus dem Jahr 1729 in der Wallfahrtskirche

Gotische Mondsichelmadonna von 1480 aus der abgebrochenen Kirche, die künstlerisch das Gnadenbild übertrifft.

barocken Marienkirche, in der noch Teile des gotischen Baues aus dem 15. Jahrhundert zu erkennen sind, wurde 1719 begonnen. Als 1816 das Gewölbe des Schiffes einstürzte, begnügte man sich mit einer einfachen Holzdecke. Das Innere der Kirche wurde 1719/21 in einer Stilmischung aus Renaissance und Barock umgestaltet. Das große Hochaltarbild zeigt die Himmelfahrt Mariens. Mittelpunkt der Wallfahrtskirche ist der Gnadenaltar rechts am Chorbogen. Das kleine Gnadenbild aus dem 14. Jahrhundert befindet sich über dem Tabernakel in einem prunkvollen Schrein. Die tiefe Verehrung, die die Wallfahrer dem Gnadenbild von Haindling früher entgegenbrachten, spricht aus wertvollen Votivbildern und silbernen Votivgaben, die in einer Nische beim Gnadenaltar hängen.

Die Wallfahrt blühte bereits im 14. Jahrhundert. Das Patronat über Haindling hatte das Regensburger Kloster St. Emmeram, das auch die Einkünfte der Wallfahrt an sich zog.

Wallfahrtsleben Haindling, einst eine der größten Wallfahrten im Bistum Regensburg, wird nach Jahren des Rückgangs wieder gerne von Wallfahrern aufgesucht. Es kommen auch wieder Fußwallfahrergruppen aus der näheren Umgebung, die viele Stunden unterwegs sind. Wallfahrtshöhepunkte sind neben dem Monat Mai das Dreifaltigkeitsfest (2. Sonntag nach Pfingsten) sowie das Patrozinium der Kirche am Fest Mariä Himmelfahrt (15. August).

38 Bogenberg: alte Marienwallfahrt hoch über dem Donautal

Ursprung Die erste Kirche ließen um 740 die Grafen von Bogen erbauen und schenkten sie dem nahen Benediktinerkloster Oberaltaich, dessen Mönche Bogen und den Bogenberg betreuten. Nach einer Legende soll Graf Aswin von Bogen 1104 die Marienwallfahrt auf dem Bogenberg gegründet haben, als er ein steinernes Gnadenbild fand, das stromaufwärts geschwommen und auf dem so genannten Marienstein gelandet war. Er stellte es in seiner Schlosskapelle auf, wo es von vielen Pilgern aufgesucht wurde. Eine ähnliche Stromsage gibt es auch vom Gnadenbild von Mariaort bei Regensburg (siehe Seite 64). 1242 fiel mit dem Tod von Graf Albert IV. der Besitz der Grafen von Bogen an die Wittelsbacher Herzöge. Daran erinnert noch das weiß-blaue Rautenwappen der Grafen von Bogen, das in das bayerische Wappen übernommen wurde.

> **Anfahrt:** *Autobahn A 3 Regensburg-Deggendorf, Ausfahrt Bogen, hier zum Bogenberg • Autobahn A 92 München-Deggendorf, Ausfahrt Landau an der Isar, Bundesstraße 20 nach Straubing, von hier nach Bogen zum Bogenberg*
> **Wallfahrtskirche:** *Besondere Pilgergottesdienste und Führungen nach Vereinbarung*
> **Kontakt:** *Kath. Pfarramt Bogen, Tel. 09422/1546, Fax 09422/6119*
> **Einkehr:** *Gasthaus zur schönen Aussicht, Tel. 09422/1539, Gaststätten in Bogen, Bärndorf, Degernbach und Oberaltaich*
> **Sehenswert:** *Klause (Salvator-Kapelle) am Bogenberg, Kloster Windberg, Klosterkirche Oberaltaich, Kloster Metten*

Entwicklung Das Marienbild auf dem Bogenberg war schon im Mittelalter das Ziel vieler Pilger. 1295 begann man mit dem Bau einer Kirche mit Turm, von dem noch die unteren Teile erhalten sind. Der heutige Kirchenbau wurde 1463 vollendet. In mehreren Wallfahrtsbüchern hielt der Prior des Klosters Oberaltaich im 17. Jahrhundert die Mirakel fest, die die Wallfahrer der Muttergottes vom Bogenberg zuschrieben. 1803 wurde das Kloster aufgelöst, die Mönche mussten den Bogenberg verlassen. Seit 1844 werden die wieder aufblühende Wallfahrt und die Pfarrei von Weltpriestern betreut.

Wallfahrtskirche Die Wallfahrtskirche auf dem 432 Meter hohen Bogenberg ist ein weithin sichtbares Wahrzeichen der Donaulandschaft um Bogen. Das breite Mittelschiff, die beiden Seitenschiffe sowie der Chor mit Netzgewölbe lassen noch gut die einstige spätgotische Hallenkirche erkennen. Seit 1954 verändern zwei neue Altäre, der Hochaltar und der Gnadenaltar, den Gesamteindruck. Das Gnadenbild zeigt die »mater gravida«, die Maria in der Hoffnung, in einer sehr seltenen Darstellung: Im Leibe der Gottesmutter ist eine Öffnung mit einer Figur des Jesuskindes. Als die Schweden während des Dreißigjährigen Krieges Kirche und

Kloster heimsuchten, stürzten sie die Sandsteinfigur aus dem 13. Jahrhundert den Felsen hinunter. Sie wurde aber im Fallen an einem Felsvorsprung aufgehalten und blieb, wenn auch beschädigt, erhalten. Zu beiden Seiten flankieren den Gnadenaltar am Chorbogen große Votivkerzen, die nach der jährlichen Kerzenwallfahrt an Pfingsten geopfert wurden. Rund um den Gnadenaltar stehen an den Wänden des Chores zahllose Votivkerzen von unterschiedlicher Qualität, viele mit Bitt- und Danksagungszetteln.

Wallfahrtsleben Die Wallfahrt erlebte nach dem Zweiten Weltkrieg eine neue Blüte. Von Mai bis Oktober ist die Kirche auf dem weithin sichtbaren Berg das Ziel von Betern und Wallfahrergruppen. Nicht wenige kommen wie früher zu Fuß. Der Wallfahrtshöhepunkt ist die Kerzenwallfahrt am Pfingstsonntag, die auf ein Gelübde der Gemeinde Holzkirchen bei Vilshofen im späten Mittelalter zurückgeht. Bis heute pilgern die Wallfahrer zu Fuß und tragen die »lange Stang« mit sich, einen 13 Meter langen Fichtenstamm, der mit roten Wachsschnüren umwickelt ist, den Berg hinauf. Es ist ein Ereignis, das alljährlich tausende von Besuchern verfolgen. Viele Pilger kommen auf den Bogenberg bei der Wallfahrt der Marianischen Männerkongregation und der Kolpingwallfahrt im September.

Links: Das Gnadenbild der »mater gravida«, der Mutter in der Hoffnung (um 1400).

Rechts: Die Wallfahrer aus Holzkirchen mit der »langen Stang«, einer Votivkerze, auf dem Weg zum Bogenberg

Wallfahrtsorte in Niederbayern

39 Passau: Mariahilfberg über der Dreiflüssestadt

Ursprung Nach einer Legende hatte der Passauer Domdekan Marquard von Schwendi auf dem Schulerberg, dem späteren Mariahilfberg, mehrmals eine Vision. Er erblickte einen Engelsreigen und sah darin ein Zeichen dafür, dass sich die Mutter Gottes auf dem Berg ein Heiligtum wünschte. So ließ er 1622 dort eine Holzkapelle erbauen, in die er die Kopie eines Bildes von Lukas Cranach d.Ä. (1474–1553) stellte. Das Original war im Besitz des Kurfürsten Johann Georg von Sachsen, der es 1611 dem Passauer Fürstbischof Erzherzog Leopold von Österreich bei einem Besuch in Dresden als Geschenk mitgab.

Anfahrt: *Autobahn A 3 Deggendorf-Passau, Ausfahrt Passau Mitte, über die Innbrücke zum Mariahilfberg • Bundesstraße 12 München-Passau, in Passau über die Innbrücke zum Mariahilfberg*
Kirche: *Besondere Pilgergottesdienste und Führungen nach Vereinbarung*
Kontakt: *Wallfahrtsleitung, Tel. 08 51/2 35, Fax 08 51/3 69*
E-Mail: *mariahilf-passau@t-online.de*
Einkehr: *Haus Mariahilf, Tel. 08 51/93 14 40, Gaststätten in der Innenstadt*
Sehenswert: *Passau: Altstadt mit Dom*

Entwicklung Bald kamen so viele Pilger, dass die Kapelle zu klein wurde und von Schwendi eine Kirche aus Stein errichten ließ. Die junge Wallfahrt auf den Mariahilfberg blieb von den Schrecken des Dreißigjährigen Krieges nicht verschont. 1634 tobte eine furchtbare Pest. Und als 1662 ein großer Brand wütete, fiel auch Mariahilf in Schutt und Asche. Das Allerheiligste und das Gnadenbild konnten die Kapuziner retten. Schon ein paar Jahre später aber entstand der Wallfahrtsort in neuem Glanz, zumal der Ruf »Mariahilf« überall im Abendland erscholl. Als 1682 die Türken mit 200 000 Kriegern vor Wien standen, floh der Kaiser zum Mariahilfberg und vertraute sich und sein Land gläubig dem Gnadenbild an. Mit dem »Maria-Hilf«-Ruf wurde dann auch 1683 auf dem Kahlenberg bei Wien der Sieg erfochten, ein Erfolg, der der Gottesmutter zugeschrieben wurde. Im 18. Jahrhundert erlebte die Wallfahrt ihre größte Blüte. Aus allen Teilen Deutschlands, aus Österreich, Böhmen und Ungarn, aus Tirol und Oberitalien zogen Wallfahrerströme nach Passau. Als 1803 das Kloster aufgehoben wurde, wurden die Kapuziner vertrieben, der Kirchenschatz eingezogen. Im Gefolge der Napoleonischen Kriege sollte die Wallfahrtskirche

Hochaltar mit dem Gnadenbild, einer Kopie des Muttergottesbild von Lukas Cranach

gar einer Festung weichen und abgerissen werden. Doch der Franzosenkaiser änderte bei einem Besuch in der Kirche seinen Plan: Mariahilf war gerettet.

Wallfahrtskirche Die Wallfahrtskirche wurde 1627 geweiht und nach einem großen Brand 1676 wiederhergestellt. Ihre beiden Türme mit Laternenkuppeln gehören heute zum Bild der Bischofsstadt. Im Zentrum des schlichten Kirchenraumes steht ein barocker Hochaltar mit dem Mariahilfbild, das auch als Vorbild für andere Mariahilfbilder z.B. in Amberg, Vilsbiburg, München und Wien diente. Im Mittelschiff hängt die »Kaiserampel«, die Kaiser Leopold I. anlässlich seiner Vermählung mit der Pfalzgräfin Eleonora 1676 stiftete. Sie stellt ein Meisterstück Augsburger Goldschmiedekunst dar. Im nördlichen Umgang der Kirche steht eine Vitrine mit »Türkenwaffen«, Erinnerungsstücken aus der Türkenschlacht von 1683. Gleich neben dem Kirchenportal ist der Zugang zur Wallfahrtsstiege, die 1627 noch vom Stifter angelegt wurde. Diese »weltliche« Stiege war ebenso wie die »geistliche« Stiege, die den Kapuzinern vorbehalten war, ursprünglich aus Holz und wurde später in Stein erneuert und überdacht. Sie führt in 321 Stufen von der Stadt zur Wallfahrtskirche hinauf.

Die barocke Fassade der Wallfahrtskirche auf dem Mariahilfberg prägt das Stadtbild von Passau.

Das Original des Mariahilfbildes, von dem eine Kopie in Passau verehrt wird, befindet sich in der St.-Jakobs-Kirche in Innsbruck.

Wallfahrtsleben Nach Mariahilf kommen das ganze Jahr über Wallfahrer. Eine Besonderheit ist die »Stiegenwallfahrt«. Dabei beten die Wallfahrer, oft auf den Knien, die 321 Stufen der Wallfahrtsstiege von der Altstadt auf den Marienberg hinauf. Höhepunkte im Wallfahrtsjahr sind neben dem Fest Mariä Himmelfahrt am 15. August das Patrozinium der Kirche, das Fest Mariä Heimsuchung am 2. Juli. Dieses Fest wird mit einer besonderen Wallfahrtswoche gefeiert. Am 12. September, dem Fest Mariä Namen, findet alljährlich die große Passauer Stadtwallfahrt statt, die auf ein Gelöbnis aus dem Jahre 1683 zurückgeht.

Wallfahrtsorte in Niederbayern

40 Sammarei: Gnadenkapelle in der barocken Wallfahrtskirche

Ursprung »Sammarei« ist eine volkstümliche Bezeichnung für »Sancta Maria« (= Sanct Marei). Bereits seit Ende des 13. Jahrhunderts ist hier bei einem Gutshof eine Marienkapelle bekannt. Im Jahre 1619 fiel der Bauernhof, der zum Kloster Aldersbach gehörte, einem Brand zum Opfer, nicht aber eine in der Nähe stehende Kapelle. Bei der Feuersbrunst blieb sie unversehrt. Ein Apfelquittenbaum, der neben der Kapelle wuchs, wurde zwar beim Brand völlig ausgedörrt, schlug aber im nächsten Jahr zur allgemeinen Verwunderung wieder aus, blühte und trug sogar Früchte, die man der bayerischen Kurfürstin Elisabeth zum Geschenk überbringen ließ. Sie machte sich daraufhin bei ihrem Gemahl, dem Kurfürsten Maximilian, zum Fürsprecher für einen Kirchenneubau.

Anfahrt: *Autobahn A 3 München- Deggendorf-Passau, Ausfahrt Garham Vilshofen, über Vilshofen, Ortenburg und Reisbach nach Sammarei • Bundesstraße 12 München-Passau, in Altötting Bundesstraße 588 bis Eggenfelden, über Pfarrkirchen nach Birnbach, Haarbach, Sammarei*
Kirche: *Täglich um 16 Uhr Wallfahrtsgottesdienst. Besondere Pilgergottesdienste. Führungen und Eintritt in die Gnadenkapelle nach Vereinbarung*
Kontakt: *Kath. Pfarramt, Tel. 085 42/6 53, Fax 085 42/91 94 15*
E-Mail: *wallf-sammarei@vilstal.net*
Einkehr: *Sammarei: Sammareier Hof, Tel. 085 42/91 96 49, Parschalling: Gasthaus Schauer, Tel. 085 42/911 26*
Sehenswert: *Wallfahrtskirche Grongörgen, Bruder-Konrad-Geburtshaus in Parzham*

Entwicklung Bald entwickelte sich zu der neuen Kirche und Kapelle eine Wallfahrt, zumal viele Guttaten bekannt wurden, die ein Mönch des Klosters Aldersbach in einem Büchlein aufschrieb. Der starke Zustrom von Pilgern machte ein Wallfahrtspriesterhaus neben der Kirche erforderlich, in dem Geistliche wohnten. Die Säkularisation, die die Aufhebung des Klosters Aldersbach brachte, versetzte der Wallfahrt einen schweren Schlag. Die Wallfahrer blieben aus und es wurde still um Sammarei. Im 19. Jahrhundert lebte die Wallfahrt allmählich wieder auf. Die Wallfahrer werden jetzt von der Pfarrei Haarbach und von Salettinerpatres betreut. In den letzten Jahren wurde die Kirche gründlich renoviert.

»Wohlriechender Marianischer Quitten-Apfel/ Das ist: Denckwürdige Gnadengeschichte/ Welche die gecrönte Jungfrau Maria zu Sammarey der bedrangten Welt erwiesen.« Das ist der Titel eines Mirakelbuches aus dem 18. Jahrhundert, in dem die den Wallfahrern erwiesenen Guttaten aufgeschrieben wurden.

Wallfahrtskirche Unter der Leitung des kurfürstlichen Maurermeisters Isaak Bader und des bekannten Wessobrunner Paliers Christoph Schmuzer wurde 1629, mitten im Dreißigjährigen Krieg, der Bau dieser Kirche begonnen und bereits nach zwei Jahren vollendet. Das Besondere dabei war: Die neue Kirche errichtete man über der kleinen Holzkapelle, die die Feuersbrunst überstanden hatte. Für die kleine Gnadenkapelle schuf der Bildhauer Jakob Bendl einen Altar und ein Vesperbild. Es zeigt das Jesuskind stehend auf Mariens Schoß. Das Bild hat eine auf-

Oben: Der Hochaltar aus dem Jahr 1645 mit einem Bild von Mariä Himmelfahrt, flankiert von Figuren der Reiterheiligen St. Martin und Georg und Seitenaltären

Unten: Votivbilder an den Wänden der Gnadenkapelle in der Wallfahrtskirche

fallende Ähnlichkeit mit dem Passauer Mariahilfbild. Die Gnadenkapelle im Chorraum ist durch ein mächtiges fünfteiliges Altarwerk vom Kirchenschiff getrennt. Die Wände der Kapelle sind innen und außen ebenso wie der Chorumgang der Kirche mit fast 1300 Votivtafeln aus vier Jahrhunderten dicht behängt. Die ältesten Tafeln reichen bis in die Erbauungszeit der Kirche zurück. Die Gnadenkapelle betritt man durch einen niedrigen Türstock. Eine Tür ist nicht mehr vorhanden, weil sie in der Blütezeit der Wallfahrt von den Pilgern buchstäblich zerschnitten wurde. Denn nach einem weitverbreiteten Volksglauben sollte ein Stück Holz dieser Tür bei Zahnschmerzen helfen. Der Mittelpunkt der Altarwand ist der Hochaltar mit einem Bild von Mariä Himmelfahrt, umrahmt von ausdrucksstarken Figuren der Reiterheiligen Martin und Georg. Daran schließen sich zwei Seitenaltäre mit Darstellungen aus dem Leben Jesu an.

Wallfahrtsleben Sammarei erfreut sich neuer Beliebtheit. Pfarreien aus der näheren Umgebung erinnern sich ihrer alten Wallfahrtstradition und pilgern wie früher zu Fuß zu diesem Gnadenort. Die Wallfahrtszeit dauert vom 1. Mai bis Mitte September.

Besondere Höhepunkte im Wallfahrtsjahr sind die großen Marienfeste und hier vor allem Mariä Himmelfahrt (15. August), das Patrozinium der Kirche. Das ganze Jahr über trifft man in der Kirche Beter und kunstinteressierte Besucher, die von diesem außergewöhnlichen Gotteshaus inmitten der dörflichen Abgeschiedenheit begeistert sind.

41 Bergen: tausendjährige Wallfahrt zum Heiligen Kreuz

Ursprung Die Entstehung der Wallfahrt hängt aufs Engste mit der Geschichte des Benediktinerinnenklosters Bergen zusammen, das im Jahre 976 von Biletrudis, der Witwe des Bayernherzogs Berthold I., gegründet wurde. Nach der Überlieferung brachte Judith Gisela, die Tochter des Herzogs Arnulf I. von Bayern, von einer Jerusalem-Reise Reliquien des Heiligen Kreuzes, der Lanze, der Geißelsäule und der Dornenkrone mit und schenkte sie dem Kloster.

Anfahrt: *Autobahn A 8 München-Augsburg, Ausfahrt Augsburg Ost, über Pöttmes nach Neuburg a.d Donau weiter in Richtung Eichstätt, nach 2 km links nach Bergen • Autobahn A 9 München-Nürnberg, Ausfahrt Ingolstadt Nord, Bundesstraße 13/16 in Richtung Neuburg a.d. Donau, bei Ried (kurz vor Neuburg) rechts in Richtung Eichstätt, nach 2 km nach Bergen*
Kirche: *Besondere Pilgergottesdienste und Führungen nach Vereinbarung*
Kontakt: *Kath. Pfarramt Neuburg a. d. Donau, Tel. 08431/2821, Fax 08431/40306*
Einkehr: *Klosterbräu, Tel. 08431/67750; Alte Kaplanei, Tel. 08431/64760, Baringer Hof, Tel. 08431/2823*
Sehenswert: *Neuburg a.d. Donau, Trockental (Ur-Donautal), Eichstätt, Schloss Leitheim, Donauwörth*

Entwicklung Die seit dem Mittelalter tief verehrten Reliquien konnten die Benediktinerinnen in den Wirren der Reformation in einem Wehrbrunnen verbergen, der sich heute noch in der Unterkirche befindet. In der Gegenreformation übernahmen die Jesuiten das Kloster und die Wallfahrtskirche und holten die Reliquien aus dem Versteck hervor, zu denen im 18. Jahrhundert eine blühende Wallfahrt entstand.

Wallfahrtskirche Wer nach Bergen kommt, erblickt schon von weitem die äußerlich unscheinbare Kirche. In ihr sind Romanik und Rokoko zu einer ungewöhnlichen Einheit verschmolzen. Kirche und Turm erinnern an die Gründungszeit des Benediktinerinnenklosters. Von der romanischen Klosterkirche ist die Unterkirche noch gut erhalten. Als Ottheinrich von Pfalz-Neuburg im Jahr 1542 den protestantischen Glauben in seiner Herrschaft einführte, mussten die Nonnen Kloster und Kirche verlassen. Nach der Rekatholisierung im Jahre 1616 übernahmen Neuburger Jesuiten auch Bergen, wo nun die Wallfahrt wieder aufblühen konnte. Sie beauftragten 1756 Johannes Dominikus Barbieri mit dem Umbau der alten romanischen Kirche. Zur Festlichkeit des Kirchenraumes tragen neben den Stuckarbeiten besonders die Fresken des Augsburgers Johann Wolfgang Baumgartner bei. Das Deckengemälde über dem Hochaltar zeigt die Auffindung des Kreuzes durch Kaiserin Helena im Jahre 320, das riesige Fresko des

Vor der barocken Wallfahrtskirche der romanische Turm: Der Reiz der Kirche ist der Kontrast des schlichten, nüchternen Äußeren zu dem verspielten, reich ausgestatteten Innenraum.

Das Gnadenbild ist das Kreuz mit dem Kreuzpartikel.

Hauptschiffes die Kreuzerhöhung durch Kaiser Heraklius, der 628 das Kreuz von den Türken zurückeroberte und es in feierlicher Prozession nach Jerusalem überführte. Die Wallfahrtskirche wurde in den letzten Jahren einer gründlichen Außen- und Innenrenovierung unterzogen. Ihr Bau erinnert in seiner romanischen Prägung an die Gründungszeit vor 900 Jahren, in ihrer Ausstattung ist sie ein vorzügliches Beispiel des reifen bayerisch-schwäbischen Rokoko.

Wallfahrtsleben In jüngster Zeit knüpfen viele Pfarrgemeinden an die einstige Wallfahrtstradition an und kommen wieder nach Bergen. Einige Gruppen legen das letzte Wegstück bis zur Kirche zu Fuß zurück. Wallfahrtshöhepunkt ist das Heilig-Kreuz-Fest am 14. September. Nach altem Brauch wird an diesem Tag, ebenso wie bei Pilgergottesdiensten während des Jahres, den Wallfahrern ein Kreuz mit dem Kreuzpartikel auf die Stirn gelegt. Seit der jüngsten Renovierung ist das Gnadenbild, der Kreuzpartikel, in der Krypta für alle Besucher zugänglich.

42 Bettbrunn: älteste bayerische Salvatorwallfahrt

Ursprung Nach einer Legende brachte im Jahr 1125 ein Viehhirte nach der Kommunion in der Pfarrkirche Oberdolling eine geweihte Hostie in seinen Heimatort Bettbrunn. Er tat dies in dem weit verbreiteten Aberglauben, dass der nicht blind werde, der eine Hostie jeden Tag anschaue. Deshalb nahm der Hirte die Hostie auch auf die Viehweide mit. Er höhlte seinen Hirtenstab in der Mitte etwas aus und legte die Hostie in die Mulde. Als ihm einmal die Tiere nicht folgen wollten, warf er ihnen seinen Stecken mit der Hostie nach. Als er die Hostie wieder vom Boden aufheben wollte, gelang ihm das nicht. In seiner Not rief der Hirte den Ortspfarrer herbei, aber auch er konnte die Hostie nicht fassen. Dies gelang erst dem Bischof von Regensburg, der den Hostienfrevel durch den Bau einer Kapelle sühnen wollte. Als 1329 die alte Holzkapelle abbrannte, war auch die Hostie verloren. Erhalten blieb lediglich das hölzerne Christusbild, der hl. Salvator (Erlöser).

Anfahrt: Autobahn A 9 München–Nürnberg, Ausfahrt Lenting, Richtung Stammham, dort rechts nach Bettbrunn
Kirche: Besondere Pilgergottesdienste und Führungen nach Vereinbarung
Kontakt: Pfarramt Bettbrunn, Tel./Fax 094 46/3 64
Einkehr: Gaststätten in Altmannstein, Riedenburg, Neuburg a.d. Donau
Sehenswert: Riedenburg, Schloss Prunn, Altmühltal

Entwicklung Anstelle der abgebrannten hölzernen Kirche wurde ein gotischer Neubau errichtet und 1329 eingeweiht. Seit 1690 betreuten die Augustinereremiten von Ingolstadt die Wallfahrer, die in großer Zahl nach »Betbrunn« kamen, wie der Ort im Mittelalter hieß. Die Mönche hielten auch die zahllosen Guttaten in Mirakelbüchern fest, was die Attraktivität des Wallfahrtsortes besonders förderte. Nahezu 13 000 Gebetserhörungen notierten sie, darunter viele Eintragungen, nach denen Menschen vom »Unglauben«, also dem Protestantismus, befreit wurden. Im 18. Jahrhundert wuchs der Wallfahrerstrom noch beträchtlich an. An manchen Tagen kamen 20 000 Menschen nach Bettbrunn, unter ihnen auch Kirchenfürsten und weltliche Herrscher. Kurfürst Maximilian I. pilgerte dreimal nach Bettbrunn und starb drei Tage nach seiner letzten Wallfahrt 1651 in Ingolstadt. Die große Anziehungskraft von

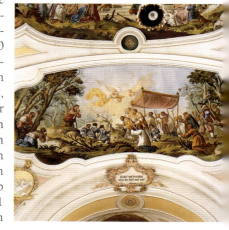

Das Fresko am Chorbogen zeigt die Aufhebung der geweihten Hostie durch den herbeigerufenen Regensburger Bischof.

Bettbrunn gerade in der Barockzeit zeigen noch heute die vielen Votivkerzen, die zu beiden Seiten des Chors aufgereiht sind; eine Kerze aus dem Jahr 1378 ist die älteste Europas. Vor der Säkularisation gab es in Bettbrunn über 300 Kerzen, mehr als die Hälfte davon wurde geraubt. Im Zuge der Säkularisation wurde auch das Augustinerkloster aufgelöst, die Eremiten mussten Bettbrunn verlassen. Das Wallfahren wurde staatlicherseits verboten. Erst in der Mitte des 19. Jahrhunderts kamen wieder Pilger nach Bettbrunn.

Die ländliche Kirche ist in ihrer spätbarocken Ausgestaltung ein Meisterwerk des Münchner Hofbaumeisters Leonhard Matthäus Gießl.

Wallfahrtskirche Die heutige Wallfahrtskirche ist das Werk des Münchner Hofbaumeisters Leonhard Matthäus Gießl aus dem Jahre 1774. Auffallend sind die abgerundeten Ecken des Kirchenschiffs. In der künstlerischen Ausstattung manifestiert sich der Übergang vom Rokoko zum Klassizismus. Die großartigen Deckenfresken sind ein Meisterwerk des bayerischen Hofmalers Christian Winck. Das Hauptfresko aus dem Jahre 1777, das die Gründungsgeschichte der Wallfahrt darstellt, schuf er in 28 Arbeitstagen. Im Chorfresko erscheint Christus in seiner Verklärung auf dem Berg Tabor. Die Stuckaturen des Wessobrunner Künstlers Franz X. Feichtmayr zeigen deutlich die Einflüsse des Klassizismus. Im gotischen Chor erhebt sich der Hochaltar mit dem Gnadenbild, der Figur des Salvators, des Erlösers und Weltkönigs. Auf dem Rosenkranzaltar vorne rechts ist die legendäre Überreichung des Rosenkranzes an den hl. Dominikus zu sehen.

Seit der Barockzeit ist das Gnadenbild am Hochaltar in einem Glorienschrein mit Krone, Zepter, Weltkugel und Brokatmantel geschmückt.

Wallfahrtsleben Obwohl das heutige Wallfahrtsleben in keiner Weise mit dem der Barockzeit verglichen werden kann, hat sich Bettbrunn eine beachtliche Anziehungskraft erhalten. In jüngster Zeit kommen wieder zahlreiche Wallfahrtsgruppen zu Fuß, viele wegen eines Gelübdes. Sehr viele Besucher interessieren sich für die schöne Kirche. Als Besonderheit wird eine akustische Kirchenführung über Lautsprecher angeboten.

Wallfahrtsorte in Oberbayern

43 Maria Beinberg: einsame Bauernwallfahrt im Spargelland

Ursprung Die Anfänge dieser Gnadenstätte, auf einer einsamen Anhöhe südlich von Schrobenhausen gelegen, sind bis heute weitgehend im Dunkeln. Sicher ist man sich, dass die Einöde Beinberg im Mittelalter der Ort einer Wehr- und Burganlage gewesen ist. Im 15. Jahrhundert muss der flache Hügel bereits eine Kirche getragen haben, denn nach der Überlieferung hat ein Ritter Bernhard eine Kapelle gestiftet, die von einem Eremiten betreut wurde. Sein Nachfolger soll die Kirche ausgebaut haben, die im Jahre 1500 eingeweiht wurde. Zu diesem Gotteshaus und dem Gnadenbild entstand dann eine Marienwallfahrt.

> **Anfahrt:** *Autobahn A 8 München-Augsburg, Ausfahrt Dasing, Bundesstraße 300 bis Kühbach, von hier über Gachenbach nach Maria Beinberg • Autobahn A 9 München-Nürnberg Ausfahrt Langebruck, Bundesstraße 300 bis Kühbach, über Gachenbach nach Maria Beinberg*
> **Kirche:** *Besondere Pilgergottesdienste und Führungen nach Vereinbarung*
> **Kontakt:** *Wallfahrt Maria Beinberg, Tel. 082 59/5 41, Fax 082 59/8 97 92 97*
> **E-Mail:** *mariabeinberg@bistum-augsburg.de*
> **Einkehr:** *Wallfahrtsgaststätte, Tel. 082 59/5 41, in Gachenbach Gasthaus Rupp, Tel. 082 59/4 00 und Gasthaus Neumayr, Tel. 082 59/4 05*
> **Sehenswert:** *Rokokokirche in Sandizell, Kloster und Spargelmuseum in Scheyern*

Entwicklung Zu den frühen Pilgern gehörte Pfalzgraf Ottheinrich von Pfalz-Neuburg. Eine besondere Förderung verdankten die Kirche und Wallfahrt den Freiherren von Lösch vom nahen Hilgertshausen. Felix Freiherr von Lösch stiftete 1701 für die Kirche ein eigenes Benefizium. Dieses kam später an die Freiherren von Freyberg-Eisenberg, die im nahen Jetzendorf einen Sitz hatten. Durch dieses Patronat waren die wirtschaftlichen Voraussetzungen für einen Geistlichen geschaffen, der die Wallfahrt betreute.

Die Wallfahrtsbenefiziaten lebten von den Spenden der Pilger und einer kleinen Landwirtschaft. Die Armut dieses Ortes war vermutlich auch der Grund dafür, dass sich die Staatskommissare zur Zeit der Säkularisation nicht für die Kirche interessierten und so die Wallfahrt fortbestehen konnte. Wie beliebt dieser Gnadenort einst war, bezeugen zahlreiche Votivtafeln an den Wänden der Kirche.

Wallfahrtskirche Die kleine Wallfahrtskirche erhebt sich auf einer mit dichtem Laubwald bewachsenen Anhöhe. Der ursprünglich gotische Turm, im späten 17. Jahrhundert barock umgestaltet, überragt das kurze, gedrungene Kirchenschiff. Die spitzbogigen Fenster, die Strebepfeiler an den Außenmauern sowie das steile Giebeldach zeigen deutlich spätgotische Spuren. An der Westseite der Kirche schließt sich ein Wallfahrtspriesterhaus an. Die heutige Innenausstattung des Got-

Die kleine Kirche liegt einsam auf einer Anhöhe und wird von vielen Menschen aufgesucht, die hier Ruhe und Besinnung finden.

teshauses geht auf die Barock- und Rokokozeit zurück. Das Licht, das nur durch drei Fenster einfällt, erhellt das Deckenfresko im Kirchenschiff. Es ist ein Werk des aus dem nahen Inchenhofen stammenden Hofmalers Ignaz Baldauf. Ein spitzer, spätgotischer Chorbogen gibt den Blick frei für den Altarraum und auf das Deckenfresko: Maria, Zuflucht der Sünder. In der Mittelnische des Hochaltars hat das Gnadenbild, Maria mit dem Kind auf der Mondsichel stehend, seinen Ehrenplatz. Das um 1520 entstandene Schnitzwerk ist seit der Barockzeit prunkvoll gekleidet und gekrönt. Eine besondere Kostbarkeit in dieser Kirche sind die zahlreichen Votivbilder an den beiden Seitenwänden und an der Rückwand. Sie stammen zum Teil aus dem 18. Jahrhundert und sind eindrucksvolle Belege für die Anliegen der Wallfahrer.

Wallfahrtsleben Der einsame Gnadenort inmitten fruchtbaren Ackerlandes konnte seine Anziehungskraft über die Zeiten bis heute bewahren. Wie früher kommen die Wallfahrer vor allem aus der Umgebung, unter ihnen sind auch viele Fußwallfahrer. Die Hauptwallfahrtszeit ist von Mai bis zum September. Das Patrozinium der Kirche wird am Fest Mariä Geburt (8. September) gefeiert. Betreut werden die Wallfahrer in Maria Beinberg von Mariannhiller Missionaren. Im Erdgeschoss des Benefiziatenhauses ist eine Gaststube eingerichtet, in der sich die Wallfahrer stärken können.

Besondere Schätze sind die vielen alten Votivbilder in der Wallfahrtskirche.

44 Scheyern: Kreuzwallfahrt mit alter Klostertradition

Ursprung Die Entstehung der Wallfahrt hängt aufs Engste mit der Verehrung des hl. Kreuzes in Scheyern zusammen. Hier hatten die »Schyren«-Grafen ihre Stammburg, die sie 1119 den Benediktinern überließen. Auf sonderbare Weise gelangte ein Splitter vom Kreuz Christi durch einen Kanoniker nach Scheyern. Der Kreuzpartikel hat die Form eines Patriarchenkreuzes mit einem Längs- und zwei Querbalken und befindet sich seit etwa 1180 im Benediktinerkloster. Seit dieser Zeit wird das hl. Kreuz in Scheyern verehrt.

Entwicklung Über die Geschichte der Wallfahrt liegen nur spärliche Angaben vor. Eine Besonderheit bei waren die Scheyerner Kreuzlein, die die Pilger als Andenken erwerben konnten, Nachbildungen des hl. Kreuzes, die in großen Mengen aus Messing, Aluminium oder Silber gefertigt wurden. Diese Wallfahrtsandenken wurden im 17. und 18. Jahrhundert mit der Reliquie des hl. Kreuzes berührt. Die geweihten Kreuzlein sollten bei allerlei Gefahren und Nöten helfen. An den Wallfahrtsfesten Kreuzauffindung und Kreuzerhöhung bewegten sich Wallfahrtszüge aus dem weiteren Umkreis nach Scheyern. Höhepunkte waren Pferdeumritte mit dem hl. Kreuz, ein Brauch, der bis zum Anfang des 20. Jahrhunderts lebendig war. Als 1803 auch das Hauskloster der Wittelsbacher aufgelöst wurde – die Gebäude wurden verkauft, die Mönche vertrieben –, kam auch die Wallfahrt zum Erliegen. Nach der Wiedererrichtung der Abtei im Jahre 1843 wurde die Wallfahrtstradition erneuert.

Anfahrt: *Autobahn A 9 München-Nürnberg, Ausfahrt Pfaffenhofen, über Pfaffenhofen und Niederscheyern nach Scheyern • Bundesstraße 13 München-Pfaffenhofen, über Pfaffenhofen und Niederscheyern nach Scheyern, Bundesstraße 300 Augsburg-Ingolstadt, bei Schrobenhausen nach Pfaffenhofen, über Niederscheyern nach Scheyern*
Kirche: *Besondere Pilgergottesdienste und Führungen nach Vereinbarung*
Kontakt: *Klosterverwaltung, Tel. 08441/75 22 30, Fax 08441/75 22 10, Klosterpforte, Tel. 08441/75 20*
E-Mail: *info@kloster-scheyern.de*
Einkehr: *Klostergaststätte, Tel. 08441/840 37, in Mitterscheyern Gaststätte Hoiß, Tel. 08441/96 90*
Sehenswert: *Kirchen in Ilmmünster, Altomünster und Sandizell*

Wallfahrtskirche Die ursprünglich dreischiffige romanische Basilika wurde im 15. Jahrhundert im gotischen Stil umgestaltet. Im 16. Jahrhundert verlängerte man das Langschiff und zog ein Tonnengewölbe ein. Heute zeigt sich das Kircheninnere in einer Ausstattung des Spätrokoko. Die Decken- und Wandfresken entstanden in unserem Jahrhundert (1923) durch Otto Hämmerle. Das Deckenbild im Chor zeigt die Krönung Mariens, das folgende den hl. Benedikt in himmli-

Oben: Andachtsbilder waren ein beliebtes Mitbringsel von einer Wallfahrt.

scher Verherrlichung. Das dritte Bild hat die beiden Kreuzfeste (3. Mai/ 14. September) zum Thema.

Im Hochaltar um 1770 beeindruckt ein Bild des Hofmalers Christian Winck: die Himmelfahrt Mariens. Der Kreuzaltar befindet sich in der Kreuz-Kapelle. Der Mittelpunkt dieses Altares ist ein großes Kreuz, flankiert von Engeln mit den Leidenswerkzeugen. Im Tabernakel ruht der größte Schatz von Scheyern, eine Reliquie vom Kreuz Christi. Zur Erinnerung an seine Herkunft aus Jerusalem wurde sie in Form eines Doppelkreuzes gefasst, das als Scheyerner Kreuz bekannt ist. Neben dem Kreuzgang aus der Entstehungszeit des Klosters ist besonders die Königskapelle beachtenswert. Nach der Überlieferung soll hier um das Jahr 1000 der ungarische König Stephan mit Gisela, der Schwester Kaiser Heinrichs des Heiligen, getraut worden sein. Ein Juwel ist die geräumige Sakristei mit reicher Barockausstattung.

Die Klosterkirche, deren Bau bis ins Mittelalter zurückreicht, ist seit Jahrhunderten das Ziel von Pilgern.

Wallfahrtsleben Die Kreuzverehrung in Scheyern, die in einer über 800-jährigen Tradition steht, konzentriert sich vor allem auf die beiden Kreuzfeste: die Kreuzauffindung am 3. Mai und die Kreuzerhöhung am 14. September. An diesen beiden Festen kommen alljährlich tausende von Wallfahrern in die Klosterkirche.

Nach der Tradition wird allen, die an den Kreuzfesten, am Patrozinium der Kirche, am Fest Mariä Himmelfahrt (15. August), aber auch an Sonn- und Feiertagen nach Scheyern kommen, der Kreuzpartikel auf die Stirn gelegt.

Die Wallfahrt zum Heiligen Kreuz in Scheyern geht auf die Verehrung einer Kreuzreliquie in dem Kloster zurück, das Benediktinermönche an der Stelle der einstigen »Schyren«-Burg errichteten.

Im Kreuzaltar befindet sich das Scheyerner-Kreuz.

Wallfahrtsorte in Oberbayern

45 Maria Thalheim: Kapelle beim Holunderbaum

Ursprung Nach der Legende wurde einst ein Marienbild in einem Holunderbaum verehrt, der noch an der Nordseite der Kirche auf dem Friedhof steht. Als man das Bild in eine Kapelle auf einer nahe liegenden Anhöhe übertrug, soll es wiederholt an seinen alten Platz zurückgekehrt sein, was man als Fingerzeig deutete: Die himmlische Frau will nicht auf der Anhöhe, sondern unten »im Tal« verehrt werden. Deshalb errichtete man beim Holunderbaum eine Kapelle. So kam es auch zum Namen der Wallfahrt: Maria Thalheim.

Anfahrt: *Bundesstraße 388 München-Erding, bei Rappoltskirchen nach Maria Thalheim • Autobahn A 92 München-Landshut, Ausfahrt Erding, in Erding Bundesstraße 388, bei Rappoltskirchen nach Maria Thalheim*
Kirche: *Besondere Pilgergottesdienste und Führungen nach Vereinbarung*
Kontakt: *Kath. Pfarramt Reichenkirchen, Tel. 08762/411, Fax 08762/3087,*
E-Mail: *St-Michael.Reichenkirchen@erzbistum-muenchen.de*
Einkehr: *Gasthaus Stuhlberger in Maria Thalheim, Tel. 08762/1277, Gasthaus Strasser in Oberbierbach, Tel. 08084/1207*
Sehenswert: *Domberg und Diözesanmuseum in Freising*

Entwicklung Die Wallfahrt lässt sich bis ins 14. Jahrhundert zurückverfolgen. Genaue historische Daten fehlen. Ein urkundlich gesichertes Datum ist der 20. September 1419. Damals verpflichtete die Regensburger Bürgersfrau Kunigund Schmid ihren Erben, für sie eine Wallfahrt nach Thalheim zu machen. Nach der Reformationszeit und dem Dreißigjährigen Krieg erholte sich die Wallfahrt rasch wieder. Ihren Höhepunkt erlebte sie im 18. Jahrhundert, nicht zuletzt durch die Gründung einer Armeseelenbruderschaft. Ein großer Tag in der Wallfahrtsgeschichte war der 15. August 1753, als das heutige Gnadenbild von einem Seitenaltar auf den Hochaltar übertragen wurde. Einen tiefen Einbruch erlebte die Wallfahrt nach Maria Thalheim gegen Ende des 18. Jahrhunderts, als der aufklärerische Kurfürst Karl Theodor in einem Erlass das Wallfahren an Werktagen verbot. Die Wallfahrt verzeichnete in diesen Jahren einen schmerzlichen Rückgang. Unter dem Einfluss von König Ludwig I. konnte Thalheim wieder an Bedeutung gewinnen.

Das spätgotische Gnadenbild im Rokoko-Hochaltar

Die Wallfahrtskirche mit der Friedhofkapelle St. Michael, ein Kleinod im stillen Erdinger Land

Wallfahrtskirche Betritt man durch das schmiedeeiserne Gitter den lichten Raum der Kirche, so ist man von ihrem Glanz und ihrer Pracht überwältigt. 1736 wurde die Kirche nach Westen um zwei Joche verlängert, außerdem wurden alle sieben Altäre erneuert und die Kanzel geschaffen. Der große Zulauf, den die Wallfahrt in Thalheim im 18. Jahrhundert verzeichnen konnte, ermöglichte die Umgestaltung im Stil des späten Rokoko. Der spätgotische Raum wurde 1670 von Hans Kogler aus Erding mit Stuck verziert. Unverändert blieb lediglich der Hochaltar. Der Münchner Hofmaler Johann Martin Heidl malte die Kirche mit Fresken aus. Das große Deckengemälde zeigt die Aufnahme Mariens in den Himmel. Der Mittelpunkt der Wallfahrtskirche ist der Hochaltar mit dem Gnadenbild, einer spätgotischen Meisterarbeit um 1475. Die Himmelskönigin hält in der Rechten Krone und Zepter, in der Linken das Kind mit der Weltkugel. Über der lebensgroßen Figur aus Lindenholz schwebt eine Taube, das Sinnbild des Heiligen Geistes. Die große Verehrung und tiefe Gläubigkeit, die das einfache Volk diesem Marienheiligtum zu allen Zeiten entgegenbrachte, bezeugen Opfergaben und Weihegeschenke in den Seitenkapellen der Wallfahrtskirche. Zur Kirche gehört eine dem hl. Michael geweihte Friedhofskapelle, ein spätgotischer Bau mit Netzgewölbe.

Bei der Neugestaltung der Kirche im Rokoko-Stil wurden sechs spätgotische Altäre und die Kanzel an ärmere Kirchen im Landkreis Erding verkauft. Nur der Hochaltar blieb erhalten.

Wallfahrtsleben Maria Thalheim wird während des ganzen Jahres von Betern aufgesucht. Die Wallfahrtszeit dauert vom 1. Mai bis Mitte September. Wie in früherer Zeit ziehen alljährlich Fußwallfahrer aus dem Erdinger Land mit dem Kreuz hierher.

Viele Pilger kommen mit Bussen, um in der herrlichen Kirche einen Gottesdienst zu feiern. Seit 1953 treffen sich jeweils am Sonntag vor dem Fest Peter und Paul (29. Juni) Wallfahrer aus dem gesamten Landkreis Erding zu einer Gemeinschaftswallfahrt in Maria Thalheim. Ein weiterer Höhepunkt ist das Patrozinium der Kirche am Fest Mariä Himmelfahrt (15. August).

Wallfahrtsorte in Oberbayern

46 Maria Dorfen: beliebte Wallfahrt im Erdinger Land

Ursprung Wann der Beginn der Wallfahrt nach Dorfen anzusetzen ist, lässt sich geschichtlich nicht genau belegen, da während des Dreißigjährigen Krieges alle Aufzeichnungen vernichtet wurden. Es ist aber anzunehmen, dass bereits im 15. Jahrhundert eine Wallfahrt bestanden hat. Das Gnadenbild stammt aus der Zeit um 1470. Als Begründer gilt nach der Legende der hl. Rupert, der erste Bischof von Salzburg. Nach ihr soll der Missionar des Salzachgaues auf dem Ruprechtsberg neben einer kleinen Kapelle gewohnt haben, für die er ein Marienbild anfertigen ließ.

Anfahrt: *Autobahn A 92 München-Landshut, Ausfahrt Erding, über Erding nach Dorfen, Bundesstraße 15 über Rosenheim und Wasserburg nach Dorfen • Bundesstraße 12 München-Passau, vor Haag nach Dorfen*
Kirche: *Besondere Gottesdienste und Führungen nach Vereinbarung*
Kontakt: *Kath. Pfarramt, Tel. 08081/9 51 30, Fax 08081/95 13 19,*
E-Mail: *Pfarramt@mariadorfen.de*
Einkehr: *Dorfener Stube, Tel. 08081/13 99, Gasthaus am Markt, Tel. 08081/14 47, Gasthof Grüner Baum, Tel. 08081/25 05*
Sehenswert: *Altstadt von Dorfen, Heimatmuseum, Stadtpark, Wallfahrtskirche St. Wolfgang, Klosterkirche Isen*

Entwicklung Den entscheidenden Aufschwung erlebte die Dorfener Wallfahrt nach dem Dreißigjährigen Krieg durch die Gründung einer Rosenkranzbruderschaft. Im Jahre 1707 wurde das Gnadenbild in der ursprünglich spätgotischen Kirche auch von bischöflicher Seite für wundertätig erklärt. Im Barock war Dorfen neben Altötting der wohl bedeutendste Wallfahrtsort Süddeutschlands. Unter den Pilgern waren geist-

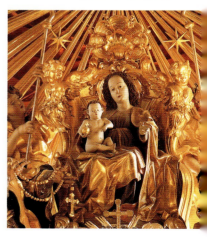

Das spätgotische Gnadenbild im Hochaltar inmitten des Rokokoaltars von Egid Quirin Asam (1784)

liche und weltliche Herrscher wie 1719 Kurfürst Max Emanuel. Einträge in Mirakelbüchern, aber auch Kopien des Gnadenbildes zeugen von der großen Beliebtheit dieses Wallfahrtsortes. Nach alter Tradition zogen die Wallfahrer vom damaligen Markt die »Stepfen«, die Bergstiege mit den 150 Stufen, hinauf. Eine besondere Rolle kam bei der Dorfener Wallfahrt dem geweihten Öl aus der Ampel zu, die vor dem Gnadenbild brannte. Trotz des staatlichen Verbots der Wallfahrt Anfang des 19. Jahrhunderts suchten weiterhin Pilger das Gnadenbild auf. In jüngster Zeit gewann die Wallfahrt wieder an Anziehungskraft. Neben Fußwallfahrern aus der Umgebung und stillen Betern trifft man immer wieder Kunstinteressierte, die sich an diesem Rokokojuwel erfreuen.

Wallfahrtskirche Die spätgotische Kirche wurde zu Beginn des 18. Jahrhunderts im Barockstil umgestaltet. 1749 konnte der bekannte Stuckateur Egid Quirin Asam aus München den Hochaltar vollenden. Die heutige Kirche ist ein Neubau, der wegen eines Einsturzes des gesamten Kirchengewölbes im Jahre 1782 erforderlich wurde. Unter Einbeziehung der alten Chormauern schuf der Erdinger Maurermeister Matthias Rösler eine frühklassizistische Wandpfeilerkirche. Der Mittelpunkt der Wallfahrtskirche ist der Gnadenaltar, der 1868 größtenteils zerstört wurde. Bei der letzten Kirchenrenovierung wurde der Rokokoaltar neu errichtet, sodass die einstige Pracht des Asamwerkes wieder zur Geltung kommt. Die Madonna, eine Lindenholzfigur aus dem späten 15. Jahrhundert, thront heute unter einem Baldachin. Vom Dorfener Gnadenbild wurden im 18. Jahrhundert zahlreiche Kopien auf Gebetszetteln hergestellt, sodass sich seine Verehrung sogar über die Landesgrenzen ausbreitete. Eine besondere Kostbarkeit der Kirche ist die Barockkrippe aus dem Jahre 1717.

Wallfahrtsleben Maria Dorfen ist ein beliebter altbayerischer Gnadenort, zu dem nach alter Tradition viele Pfarreien noch heute zu Fuß pilgern. Der Wallfahrtshöhepunkt ist jedes Jahr das Patrozinium der Kirche am Fest Mariä Himmelfahrt am 15. August. Das Dorfener Gnadenbild wird das ganze Jahr über von vielen Betern aus der Stadt Dorfen und dem Erdinger Land sowie von Kunstfreunden aufgesucht.

Die Wallfahrtskirche in ihrer Rokokopracht

Bei der Dorfener Wallfahrt kam dem geweihten Öl aus der Ampel, die vor dem Gnadenbild brannte, eine besondere Bedeutung zu. Es galt als Heilmittel bei Krankheiten von Mensch und Vieh.

Wallfahrtsorte in Oberbayern

47 Altötting: 500 Jahre Pilgerfahrt zur »Schwarzen Muttergottes«

Ursprung Die Anfänge der Wallfahrt zu Unserer Lieben Frau von Altötting reichen zurück bis ins 15. Jahrhundert. Eine Legende berichtet: »Ein dreijähriges Knäblein ist zu Alten-Ötting in das Wasser gefallen und eine halbe Stunde darin getrieben. Ganz tot wurde es herausgezogen. Die Mutter hat das tote Kind aus großem Vertrauen zur Mutter Gottes zur Capell getragen und es auf den Altar gelegt. Sie fällt auf die Knie nieder und bittet flehentlich um die Erlangung des Kinds-Lebens. Alsbald wurde das Kind lebendig.« Bereits im Jahr 1497 wird eine anderes Mirakel erwähnt: »Ein sechsjähriges Söhnlein fiel einem Bauern vom Pferd und unter ein Fuder Hafer und wurde zerdrückt. Da tat der Bauer ein Gelübde und rief die Mutter Gottes an. Am folgenden Tag war der Knabe wieder frisch und gesund.«

> **Anfahrt:** B12 München-Passau, bei Staudham (Kreuzung mit B 299) rechts nach Altötting. B299 Landshut-Traunstein, bei Staudham (Kreuzung mit B 12) links nach Altötting • Bahnlinie München-Mühldorf-Burghausen sowie Landshut-Mühldorf-Altötting
> **Kirche:** Besondere Pilgergottesdienste nach Vereinbarung
> **Kontakt:** Kapuzinerkloster: Tel. 086 71/96 92 42, Fax 086 71/96 92 60
> **E-Mail:** altoetting@kapuziner.org
> **Einkehr:** Anfragen an das Wallfahrts- und Verkehrsbüro Altötting, Tel. 086 71/50 62 19 38, Fax 086 71/8 58 58
> **Sehenswert:** Stiftskirche mit Schatzkammer, Basilika St. Anna, Jesuitenkirche St. Magdalena, Klosterkirche der Franziskaner, Panorama in Altötting, Klosterkirche in Raitenhaslach

Entwicklung Die Wallfahrt erlebte in der Zeit der Gegenreformation durch die Gunst des bayerischen Herzogshauses einen großen Aufschwung. Herzog Wilhelm der Fromme wallfahrtete oft zum Bild der Schwarzen Muttergottes. Sein Sohn, Kurfürst Maximilian I., legte den Weg nach Altötting mehrmals zu Fuß zurück. Seit dem 18. Jahrhundert ließen die Wittelsbacher ihre Herzen nach ihrem Tod in der Gnadenkapelle bestatten. Wie sie brachten Kaiser, Könige, weltliche und geistliche Fürsten wertvollste Gold- und Silberschätze in die Gnadenkapelle. Altötting mit seiner »finsteren uralt heylig Capelln unserer lieben

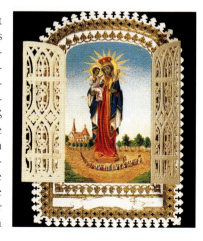

Wallfahrtsandenken mit dem Gnadenbild

Links: Wallfahrer in Tracht vor der Heiligen Kapelle

Rechts: Votivkreuze und -bilder rund um die Gnadenkapelle

Frauen auf der grünen Matten« überstand die Stürme der Reformation und Aufklärung und der Säkularisation. Nach Chorherren, Jesuiten und Franziskanern betreuen nun Kapuziner die Wallfahrer, die seit 1897 auch mit dem Zug nach Altötting kommen können.

Wallfahrtskirche Der Bau der Gnadenkapelle geht auf die Zeit um 700 zurück, die Frühzeit der bayerischen Geschichte. Wer durch den Vorbau in das fast lichtlose Oktogon der einstigen Tauf- oder Pfalzkapelle eintritt, muss sich erst an die Düsternis des engen Raumes gewöhnen. Erst dann erkennt man im barocken Silberaltar das Gnadenbild »Unserer Lieben Frau«.

Das bekleidete Marienbild aus dem frühen 14. Jahrhundert ist aus Lindenholz geschnitzt und durch den Kerzenrauch so geschwärzt, dass es zu dem Namen »Schwarze Muttergottes« kam. Die dunklen Wände der kleinen Kapelle sind besetzt mit kostbarsten Opfergaben: In den Wandnischen stehen dicht gedrängt die Herzurnen des bayerischen Herzogshauses. Rechts vom Gnadenaltar erblickt man die Silberstatue des knienden bayerischen Kronprinzen Max Joseph. Gegenüber erinnert eine versilberte Figur an den 1934 heilig gesprochenen Kapuzinerbruder Konrad von Parzham.

Wallfahrtsleben Altötting ist heute der größte und bekannteste Gnadenort Bayerns. Ein Höhepunkt sind alljährlich die Wochen vor und nach Pfingsten. Aus dem Wallfahrtsjahr ragen besonders heraus eine Landestrachten-Wallfahrt, die Wallfahrt der Gebirgsschützen und die Fußwallfahrt der Diözese Regensburg zu Pfingsten.

Bei einem Besuch in seiner bayerischen Heimat am 11. September 2006 kam Papst Benedikt XVI., der frühere Kardinal Joseph Ratzinger, auch nach Altötting. Er betete als Erster in der neu gestalteten Anbetungskapelle. Hier wurde auf einem Originalstein der Münchener Mariensäule ein Tabernakel errichtet, in dem das Allerheiligste in der Monstranz aufbewahrt wird.

Wallfahrtsorte in Oberbayern

48 Maria Ramersdorf: älteste Wallfahrt in München

Ursprung Die älteste Münchner Wallfahrt, die bereits Anfang des 11. Jahrhunderts erstmals erwähnt wird, führt zur Marienkirche in Ramersdorf. Herzog Ludwig der Brandenburger schenkte dieser Kirche die hl. Kreuzreliquie aus dem Besitz Kaiser Ludwig des Bayern, ein kostbares, vergoldetes Umhängekreuz, das der bayerische Kaiser bei seinem plötzlichen Tod während einer Bärenjagd nahe dem Dorf Puch bei Fürstenfeldbruck getragen haben soll. Nach der Stiftung des Kreuzpartikels entstand alsbald eine Wallfahrt zum hl. Kreuz.

Anfahrt: *In München: Chiemgaustraße, Innsbrucker Ring bis Stadtteil Ramersdorf, bei der Ottobrunner Straße zur Aribonenstraße • U-Bahn U 5: Marienplatz bis Ostbahnhof, Bus 95/96 bis Ramersdorf*
Kirche: *Besondere Pilgergottesdienste und Führungen nach Vereinbarung*
Kontakt: *Kath. Pfarramt, Tel. 089/6 89 18 41, Fax 089/6 89 29 34*
Einkehr: *Gasthof »Alter Wirt«, Tel. 089/6 89 18 62, Caffee Huber, Tel. 089/6 89 19 13*
Sehenswert: *Wallfahrtskirche Maria Thalkirchen, Barockkirche St. Michael in Berg am Laim, München Innenstadt*

Entwicklung Die Wallfahrt hatte einen so großen Zulauf, dass das romanische Kirchlein die zahlreichen Pilger nicht mehr aufnehmen konnte. So beschloss man einen Kirchenneubau, der 1466 eingeweiht wurde. 1480 entstand bereits das Gnadenbild der Muttergottes, das (wohl irrig) dem Münchner Meister Erasmus Grasser zugeschrieben wird. In der Folgezeit entwickelte sich Ramersdorf immer mehr zu einer reinen Marienwallfahrt, die besonders während des Dreißigjährigen Krieges aufgesucht wurde. Die große Marienfrömmigkeit in diesen Jahren bezeugt ein großes Votivbild an der Südwand der Kirche: Als 1632 der schwedische König Gustav Adolf die Stadt München besetzte und die Zahlung von 300 000 Reichstalern forderte, nahmen die Schweden 42 Geiseln. Sie wurden nach Augsburg gebracht, wo sie bis zur Bezahlung der gesamten Summe bleiben sollten. Angesichts der Drohungen legten die Münchner das Gelübde für eine Wallfahrt nach Ramersdorf ab und versprachen ein großes Votivbild. Die Marienfrömmigkeit überdauerte die wallfahrtsfeindlichen Zeiten und erlebte stets eine neue Blüte.

Wappen mit dem Münchner Kindl an einem Seitenaltar

Wallfahrtskirche Umbrandet vom heutigen Großstadtverkehr ist die alte Wallfahrtskirche im Südosten Münchens trotzdem ein Ort der Ruhe geblieben. Schon von weitem grüßt den Ankommenden der 60 Meter hohe Kirchturm mit der Zwiebelhaube. Obwohl die Altäre und der kräftige Stuck barocke Züge in den Kirchenraum bringen, ist die gotische Anlage trotz vieler Veränderungen noch gut erkennbar. Mittelpunkt der Wallfahrtskirche ist das spätgotische Meisterwerk einer sitzenden Madonna mit dem göttlichen Kind. Es wurde in den barocken Hochaltar eingefügt. Gotischen Ursprungs ist wie der ehemalige Kreuzaltar auch ein Bild der Schutzmantelmadonna. Es hat eine starke Ähnlichkeit mit dem Gnadenbild der Schutzmantelmadonna von Jan Pollack im Münchner Liebfrauendom. Eine besondere Kostbarkeit in der Kirche ist neben den Votivbildern eine große Votivtafel an der Nordwand des Chores. Auf ihr sind jene 20 Geiseln zu sehen, die 1742 während des Österreichischen Erbfolgekrieges nach Graz verschleppt wurden. 18 Bürger kehrten gesund zurück und versprachen zum Dank dieses Votivbild.

Links: Der Mittelpunkt der Kirche ist der spätgotische Schnitzaltar mit einem Gnadenbild, der ursprünglich zehn Flügelbilder hatte, die heute als verschollen gelten.

Rechts: Ausschnitt aus dem großen Votivbild der 42 Münchner Geiseln im Schwedenkrieg (1632)

Wallfahrtsleben Ramersdorf, einst vor der Stadt gelegen, gehört bis heute zu den marianischen Zentren Münchens. Nach einer über 300-jährigen Tradition ist der Höhepunkt der Wallfahrt die Feier des »Frauendreißigers«, also die dreißigtägige Marienverehrung zwischen Mariä Himmelfahrt (15. August) und Kreuzerhöhung (14. September). Nach alter Tradition wird in den Tagen des »Frauendreißigers« neben der Muttergottes auch das hl. Kreuz verehrt, was im abschließenden Fest der Kreuzerhöhung zum Ausdruck kommt.

Wallfahrtsorte in Oberbayern

49 Maria Thalkirchen: traditionsreiche Münchner Marienwallfahrt

Ursprung Die Entstehung der Wallfahrt hängt aufs Engste mit der Baugeschichte der Kirche zusammen. Nach einer legendären Aufzeichnung wurden die Grafen Wilhelm und Christian von Fraunberg und Haag im Kampf mit Augsburger Soldaten beim Übergang über die Isar arg bedroht. In ihrer Not gelobten sie deshalb 1372 den Bau einer Kirche, »aus schuldigem Dank der Himmelskönigin Maria«. Es ist anzunehmen, dass die Wallfahrt bald nach dem Gelöbnis der Grafen von Fraunberg einsetzte.

Anfahrt: *München: Mittlerer Ring, Brudermühlstraße bis Thalkirchner Straße, Fraunbergplatz, U-Bahn U3 Marienplatz bis Thalkirchen*
Kirche: *Besondere Pilgergottesdienste und Führungen*
Kontakt: *Kath. Pfarramt, Tel. 089/7 42 84 40, Fax 089/74 28 44 15*
E-Mail: *Maria-Thalkirchen.Muenchen@erzbistum-muenchen.de*
Einkehr: *Gasthaus Alter Wirt, Tel. 089/74 21 99 77*
Sehenswert: *Thalkirchen: Floßlende, Isarauen, Asamschlössl, Tierpark Hellabrunn*

Entwicklung Thalkirchen, eine ehemalige Flößersiedlung, wird erstmals nach 1200 erwähnt. Die Marienkirche im Thal bei Sendling ist die Mutterpfarrei aller Münchner Kirchen, die am linken Isarufer zwischen Solln und Schwabing liegen. Für die Entwicklung der Wallfahrt war eine Stiftung recht bedeutsam: Vor 1460 schenkte der bayerische Herzog Albrecht III. der Kirche einen Kreuzpartikel. Aber schon bald trat die Verehrung der Gottesmutter in Thalkirchen in den Vordergrund. Diese wurde besonders angeregt durch ein »Marianisches Ehr- und Zierbündnis«, das 1656 die Musiker am kurfürstlichen Hof in München gründeten. Sie waren es auch, die erstmals die Muttergottes in der Zeit des »Frauendreißigers« in der Marienkirche besonders verehrten und das Gnadenbild festlich schmückten. Unter das gemeine Volk der Wallfahrer mischten sich auch immer wieder Angehörige des bayerischen Herzogshauses. So weiß man beispielsweise, dass Kurfürst Maximilian I. schon in jungen Jahren nach Maria Thalkirchen zog.

Das spätgotische Gnadenbild inmitten des barocken Hochaltars von Ignaz Günther

Wallfahrtskirche Die gotische Kirche um 1400 ersetzte einen romanischen Vorgängerbau. Durch Förderung von

Der Altmünchner Gnadenort im Isartal

Kurfürst Max Emanuel wurde sie Ende des 17. Jahrhunderts im Stil des Barock umgestaltet. 1696 waren die Baumaßnahmen beendet, die unter der Leitung des kurfürstlichen Hofmalers Johann Andreas Wolff durchgeführt wurden. Dabei wurde die tragende Mittelsäule zugunsten einer flachen Kuppel entfernt. Das geistige Zentrum der Wallfahrtskirche bildet im Chorraum das spätgotische Gnadenbild inmitten des Hochaltars. In der Barockzeit wurde das Marienbild Mittelpunkt eines neuen Altaraufbaues, den Ignaz Günther schuf. Umgeben von einer Gruppe von Engeln, von denen einer einen Blütenkranz über das Haupt der Himmlischen Mutter mit dem Jesuskind hält, strahlt die Figur eine tiefe Gläubigkeit aus. Eine besondere Kostbarkeit aus dem 19. Jahrhundert hat die Zeiten überdauert: die Zunftfahne der Isarflößer mit Nikolaus, dem Schutzpatron der Schiffer, ferner zwei Zunftstangen der »ehrbaren Zunft der Floßleute« mit Figuren der Heiligen Nikolaus und Nepomuk.

Wallfahrtsleben In Maria Thalkirchen ist der »Frauendreißiger« der Höhepunkt der traditionellen Marienverehrung. Vom Fest Mariä Himmelfahrt (15. August) bis zum Fest Kreuzerhöhung (14. September) finden sich alljährlich zahlreiche Gläubige in dieser Kirche zum Gebet ein. Viele kommen auch mit Bussen aus der näheren und weiteren Umgebung. An allen Tagen des »Frauendreißigers« wird der Rosenkranz gebetet und eine Messe gefeiert. Nach altem Brauch wird dabei den Wallfahrern der Kreuzpartikel aufgelegt, was den Doppelcharakter dieser Wallfahrt betont, die Verehrung Mariens und des hl. Kreuzes. Traditionell findet auch alljährlich ein Titularfest des Marianischen Ehr- und Zierbündnisses statt.

Wie in Maria Ramersdorf ist in Maria Thalkirchen der »Frauendreißiger« zwischen Mariä Himmelfahrt (15. August) und Kreuzerhöhung (14. September) eine Zeit besonderer Marienverehrung.

Wallfahrtsorte in Oberbayern

50 Maria Eich: Oase im Wald vor den Toren Münchens

Ursprung Um 1710 befestigten zwei Planegger Buben an einer alten Eiche im Wald eine kleine Marienfigur, die lange unbeachtet blieb, bis eine Magd aus Planegg sich in ihrer Krankheit an das »Frauerl in der Aichen« erinnerte, eine Wallfahrt, »kriechend auf den Knien«, gelobte und gesund wurde. Nach der Heilung eines fünfjährigen Mädchens wurde 1732 eine hölzerne Kapelle errichtet. Als immer mehr Gebetserhörungen bekannt wurden, ging man ab 1744 an den Bau einer kleinen Kirche, aus deren Dach die Äste der Eiche herausragten.

Anfahrt: *Autobahn A 96 München-Lindau, Ausfahrt Germering-Unterpfaffenhofen, weiter in Richtung Planegg • Autobahn A 95 München-Garmisch-Partenkirchen, Ausfahrt Fürstenried, Richtung Neuried-Germering bis Planegg • S-Bahn S 6 München bis Planegg (5 Gehminuten bis Maria Eich)*
Kirche: *Besondere Pilgergottesdienste nach Vereinbarung*
Kontakt: *Augustinerkonvent, Tel. 089/8 95 62 30*
Einkehr: *Großgaststätte Heide-Volm, Tel. 089/8 57 20 29, Fax 089/8 59 70 56*
Sehenswert: *Starnberger See, Kloster Andechs, Pfaffenwinkel*

Entwicklung Schon bald ließ sich bei der Kapelle ein Eremit nieder, der in seiner Klause auch die Kinder aus den umliegenden Orten unterrichtete. In den folgenden Jahren wurde die Kirche durch Spenden der Pilger und Stiftungen von Gönnern vergrößert und verschönert. Bei einer Jagd im Jahre 1775, an der auch Kurfürst Max III. teilnahm, suchte ein gejagter Hirsch bei der Kirche »In der Eich« Zuflucht. Dies gab dem hohen Jäger zu denken: Er schonte das Leben des prächtigen Tieres. Als dieses Ereignis bekannt wurde, suchten immer mehr Menschen das Gnadenbild auf, und viele fanden Erhörung ihrer Bitten, wie ein Mirakelbuch berichtet. 1932 wurden der baufällig gewordene Turm und auch der Freialtar neu gestaltet. In den letzten Jahrzehnten erlebte die Wallfahrt Maria Eich eine neue Blüte. Vor allem in den Sommermonaten pilgern tausende aus der Stadt München zu dem idyllisch im Wald gelegenen Gnadenort, den seit 1953 Augustinerpatres betreuen.

Wallfahrtskirche Die kleine Kirche mit dem schlanken Rundturm und seinem spitz zulaufenden Dach fügt sich malerisch in die Waldlandschaft ein. Nach Süden schließt sich an die Kirche ein überdachter Freialtar an, an dem in den Sommermonaten Gottesdienste gefeiert werden. Links neben der Kapellentür erinnert eine Bildtafel an die kurfürstliche Jagd von 1775. Mittelpunkt der trauten Kapelle ist das Gnadenbild, eine kleine Marienfigur mit dem Jesuskind inmitten eines goldenen Strahlenkranzes. Über ihr schwebt die plastische Gruppe der Dreifaltig-

Die beliebte Waldkapelle mit einem Außenaltar inmitten eines alten Eichenbestandes

In den Bau der Kapelle wurde ursprünglich die Eiche miteinbezogen. Sie ragte über das Dach hinaus. 1805 fuhr ein Blitz in den Baum und zerstörte die Krone. Um wenigstens den Stamm zu retten, wurde dieser verkürzt. Der Rest der Eiche ist noch heute hinter dem Hochaltar zu besichtigen.

keit: Gott Vater mit Zepter, Christus mit Kreuz, der Heilige Geist als Taube. Mit dieser Darstellung wollte der Münchner Hofbildhauer Johann Baptist Straub die herausragende Stellung der Himmelsmutter verdeutlichen. Das Altarbild in der linken Seitenkapelle zeigt den hl. Winthir. In der Kapelle befindet sich auch eine so genannte Kümmernis aus dem 18. Jahrhundert, die in Maria Eich lange Zeit verehrt wurde. In der rechten Seitenkapelle erinnert das Altarbild an die Armen Seelen. Das besondere Interesse der Wallfahrer findet die alte Eiche, die dem Gnadenort den Namen gab. Ausdruck einer tiefen Gläubigkeit sind die zahlreichen Votivbilder, die dicht gedrängt an den Wänden der Kapelle hängen. 1958 entstand neben der kleinen Kirche ein Neubau, der nach zehn Jahren noch mal erweitert werden musste.

Votivbild von 1863 für Hilfe bei einer Viehseuche

Wallfahrtsleben Die kleine Kirche mitten im Wald ist auch in unseren Tagen eine Oase der Ruhe, was besonders die vielen Wallfahrer und Besucher aus der Großstadt zu schätzen wissen. An allen Tagen des Jahres finden sich hier Menschen zu Gebet und stiller Besinnung ein. Nach alter Tradition pilgern auch viele Fußwallfahrer nach Maria Eich. Besondere Wallfahrtstage sind alle Marienfeste, besonders das Patrozinium an Mariä Himmelfahrt (15. August) und der sich anschließende »Frauendreißiger« bis Mariä Namen am 12. September.

Wallfahrtsorte in Oberbayern

51 Vilgertshofen: Wallfahrt zur Schmerzhaften Muttergottes

Ursprung In Vilgertshofen gab es bereits im Mittelalter eine Kirche. Im 15. Jahrhundert kam der Ort in den Besitz des Klosters Wessobrunn. Nach den Wirren des Dreißigjährigen Krieges ließ Pfarrer Nikolaus Praun die verwahrloste Kirche wiederherstellen. Er war es auch, der ein altes Vesperbild verehrte. Als er von einem schweren Kopfleiden geheilt wurde, führte er das auf das Marienbild zurück. Zum Dank zog er von 1674 an mit den Pfarreien Issing und Mundraching in Bittprozessionen nach Vilgertshofen.

Anfahrt: *Bundesstraße 17 Landsberg-Schongau, bei Lechmühlen über den Lech nach Vilgertshofen*
Kirche: *Besondere Pilgergottesdienste und Führungen nach Vereinbarung*
Kontakt: *Kath. Pfarramt, Tel. 08194/999998, Fax 08194/998628*
Einkehr: *Pflugdorf: Gaststätte Kastanienhof, Tel. 08194/1360, Bürgerheim, Tel. 08194/998841*
Sehenswert: *Kloster Wessobrunn, Altstadt von Landsberg und Schongau*

Entwicklung Der Andrang der Wallfahrer war schon bald so groß, dass der Ortspfarrer dem Ansturm nicht gewachsen war und von zwei Mönchen des Klosters Wessobrunn in der Seelsorge unterstützt werden musste. Um dem Pilgerstrom gewachsen zu sein, entschloss man sich zum Bau einer großen Wallfahrtskirche anstelle des »kleinen Kirchls«. 1692 war das Bauwerk vollendet. Großen Auftrieb brachte die Gründung einer Bruderschaft zu Ehren der Schmerzhaften Muttergottes im Jahre 1708. Damit war auch ein Seelenbund zum Trost der Armen Seelen verbunden. Von nah und fern kamen die Wallfahrer in großen Prozessionen. Daran konnten auch kriegerische Auseinandersetzungen in der ersten Hälfte des 18. Jahrhunderts nichts ändern. Ein vorläufiges Ende setzten der Wallfahrtstradition erst Aufklärung und Säkularisation. Die kleine Mönchsgemeinschaft wurde zusammen mit dem Mutterkloster Wessobrunn aufgehoben. Ein Abbruch der Kirche konnte gerade noch von den Vilgerthofenern verhindert werden, da sie sich zur Übernahme der Baulast verpflichteten.

Im Jahre 1810 verließ der letzte Wallfahrtsgeistliche den einst viel besuchten Gnadenort, die Bruderschaft zur Schmerzhaften Muttergottes wurde aufgelöst. Als nach Jahren der Unsicherheit das Gnadenbild sowie das noch vorhandene Kirchengerät aus dem Nachbarort Stadl nach Vilgertshofen zurückgebracht wurden, fanden auch wieder Gottesdienste in Vilgertshofen statt.

Stumme Prozession: Darstellung des Leidensweges Christi

Wallfahrtskirche Die in den letzten Jahren mit einem großen Kostenaufwand restaurierte Kirche mit dem Zwiebelturm fügt sich mit den kräftigen Weiß- und Rottönen harmonisch in die Landschaft zwischen Ammersee und Lech ein. Dem Kirchenraum liegt ein zentraler Grundriss unter Verwendung der Kreuzesform zugrunde. Damit griff der Baumeister Johann Schmuzer aus Wessobrunn wohl auf italienische Vorbilder zurück. In der Vierung verzichtete er auf eine Kuppel und begnügte sich mit einer flachen Segmenttonne. In dem lichtdurchfluteten Raum beeindruckt vor allem der verschwenderische Reichtum an Stuckaturen, geformt zu schweren Akanthusranken, Fruchtgehängen und Blumen von Johann Schmuzer. Das große Deckengemälde in der Mitte des Gewölbes veranschaulicht die Kreuzigung Christi. Es ist ein Werk von Karl Manninger aus dem Jahre 1976. Das ursprüngliche Bild aus der Barockzeit ging verloren. In der Vorhalle befindet sich unter der Empore das Gnadenbild der Schmerzhaften Muttergottes. Zu den Kostbarkeiten der Kirche zählt das große Deckenfresko im Chor von Johann Baptist Zimmermann, das den toten Christus auf Mariens Schoß zeigt. Der Mittelpunkt der Kirche ist der Doppelaltar von Johann Schmuzer. Genial komponierte er in den unteren Altar Tabernakel und Gnadenbild hinein. Barocker Schwung zeichnet auch die beiden Seitenaltäre aus.

Die barocke Wallfahrtskirche zwischen Ammersee und Lech

Wallfahrtsleben Vilgertshofen kann in den letzten Jahren einen deutlichen Aufschwung als Wallfahrtsort verzeichnen. Nach alter Tradition pilgern mehrere Pfarreien zu Fuß zu diesem alten Wallfahrtsort. Der Höhepunkt im Wallfahrtsjahr ist das Bruderschaftsfest am Sonntag nach Mariä Himmelfahrt (15. August), das Patrozinium der Kirche. An den Wallfahrtsgottesdienst mit tausenden Pilgern schließt sich nach alter Überlieferung ein religiöses Schauspiel besonderer Art an, die »Stumme Prozession«. Damit wird an eine Tradition angeknüpft, die bis auf das Jahr 1708 zurückreicht. Im 19. Jahrhundert wurde der Umzug von bischöflicher Seite verboten. In der heutigen Form wird er seit 1877 durchgeführt.

Wallfahrtsorte in Oberbayern

52 Andechs: Heiliger Berg über dem Ammersee

Ursprung Die Entstehung der Wallfahrt hängt aufs Engste mit der Geschichte des Berges als Sitz der Grafen von Andechs-Dießen zusammen. Zu diesem Adelsgeschlecht gehörten die hl. Gertrud, Königin von Ungarn und Mutter der hl. Elisabeth, der Landgräfin von Thüringen, sowie die hl. Hedwig, Herzogin von Schlesien. In der Zeit von 1132 bis 1248 hatten auf dem Berg über dem Ammersee die Andechser Grafen ihre Stammburg. In der Nikolauskapelle der einstigen Burg versteckten sie den berühmten Reliquienschatz. Darunter waren das Siegeskreuz Karls des Großen und Teile der Dornenkrone Christi sowie die Drei Heiligen Hostien. Zu diesen Heiligtümern entwickelte sich eine Wallfahrt, die von den bayerischen Herzögen stark gefördert wurde.

Anfahrt: *Autobahn A 96 München-Lindau, bei Oberpfaffenhofen rechts ab über Weßling nach Herrsching, dort Wegweiser nach Andechs • Bundesstraße 2 Starnberg-Garmisch-Partenkirchen, bei Pähl nach Fischen, von dort nach Erling-Andechs • S-Bahn München Herrsching (S 5), von Herrsching Fußweg durch das Kiental nach Andechs (bequemer Weg 1 1/4 Std.)*
Kirche: *Besondere Pilgergottesdienste und Führungen nach Vereinbarung*
Kontakt: *Benediktinerkloster: Tel. 081 52/37 60, Fax 081 52/1 43,*
E-Mail: *fuehrungen@andechs.de*
Einkehr: *Bräustüberl: Tel. 081 52/37 62 61, Fax 081 52/2 65*
Klostergasthof: *Tel. 081 52/9 30 90, Fax 081 52/93 09 11*
Sehenswert: *Ammersee, Herrsching, Dampfersteg, Pfaffenwinkel: Polling, Hohenpeißenberg, Rottenbuch, Wieskirche, Kloster Ettal*

Entwicklung Um 1420 ließen die bayerischen Herzöge auf dem Heiligen Berg Andechs eine dreischiffige Hallenkirche erbauen. Zur Betreuung des gewaltig ansteigenden Wallfahrerstroms rief Herzog Albrecht III. 1455 Tegernseer Benediktinermönche. Nach Zerstörungen wurde die Kirche im 18. Jahrhundert wieder aufgebaut und im Stil des Rokoko ausgestattet. Herausragende Künstler waren der Münchner Hofmaler und Stuckateur Johann Baptist Zimmermann, der Münchner Hofbildhauer Johann Baptist Straub und der Weilheimer Bildhauer Franz Xaver Schmädl.

Wallfahrtskirche Die Kloster- und Wallfahrtskirche von Andechs mit ihrem charakteristischen Zwiebelturm ist schon von weitem zu sehen und grüßt ins Alpenvorland und in den Pfaffenwinkel hinein. Der Mittelpunkt der dreischiffigen Kirche ist der Doppelaltar mit dem spätgotischen Gnadenbild der

Dreihostienmonstranz in der Heiligen Kapelle

thronenden Muttergottes und darüber der Figur einer Maria Immaculata, der Unbefleckten Jungfrau. Darüber wölbt sich im Deckenfresko der berühmte Heiligenhimmel mit den Heiligen und Seligen aus dem Geschlecht der Grafen von Andechs-Dießen. Das Herzstück des Heiligen Berges ist die Heilige Kapelle, der älteste Teil der Wallfahrtskirche. In ihr werden seit Jahrhunderten die Reliquien aufbewahrt, welche die Andechser Grafen zusammengetragen haben. Eine besondere Kostbarkeit der Kirche ist das Wachsgewölbe, wo sich etwa 250 Votivkerzen unterschiedlicher Größe befinden. Die älteste Kerze stammt aus dem Jahr 1594 und hat Kriege und Brandkatastrophen überstanden. Neben Kerzen sind zahlreiche Votivbilder – die ältesten stammen aus dem 17. Jahrhundert – das eindrucksvolle Zeugnis einer bis heute lebendigen Volksfrömmigkeit. Nach einer gründlichen Sanierung und Innenrenovierung aus Anlass des 500-jährigen Jubiläums der Wallfahrt erstrahlt die Kirche seit dem Jahr 2005 wieder in ihrem ursprünglichen Glanz.

Der Heilige Berg Andechs von Süden aus betrachtet

Wallfahrtsleben Die Wallfahrt zum Heiligen Berg von Andechs hat über die Jahrhunderte hinweg nichts von ihrer Beliebtheit verloren. Wenn es auch die meisten des guten Klosterbieres wegen auf den Berg über dem Ammersee zieht, sind unter ihnen doch viele tausend gläubige Menschen. Nach alter Tradition pilgern noch viele Pfarrgemeinden auch aus der weiteren Umgebung, z.B. aus Mering und Ziemetshausen in Schwaben, zur Muttergottes von Andechs. Besondere Höhepunkte im Wallfahrtsjahr sind die Marienfeste, vor allem das Patrozinium der Kirche an Mariä Himmelfahrt (15. August) sowie die beiden Wochen vor Pfingsten.

Nach der Legende kam der von den Grafen von Andechs-Dießen unter dem Altar der Reliquienkapelle versteckte Reliquienschatz 1388 durch eine Maus wieder zum Vorschein.

53 Hohenpeißenberg: Marienwallfahrt im Herzen des Pfaffenwinkels

Ursprung Im Jahr 1514 errichteten die Bauern des Ortes Hohenpeißenberg mit Zustimmung des herzoglichen Pflegers aus Schongau auf dem Berg gleichen Namens eine Kirche. Der Pfleger war es, der für das neue Gotteshaus ein spätgotisches Marienbild stiftete, zu dem schon bald hilfesuchende Bauern pilgerten.

Anfahrt: Autobahn A 95 München-Garmisch-Partenkirchen, Ausfahrt Sindelsdorf, Bundesstraße 472 bis Peißenberg, hier auf gut ausgebauter Straße zum Hohenpeißenberg (988 Meter) • Bundesstraße B 2 Garmisch-Partenkirchen-Starnberg, Ausfahrt Huglfing bzw. Weilheim, Staatsstraße nach Peißenberg, zum Hohenpeißenberg • Bundesstraße 17 Landsberg-Füssen bis Peiting, Bundesstraße 472 bis Peißenberg, zum Hohenpeißenberg
Kirche: Besondere Pilgergottesdienste und Führungen nach Vereinbarung
Kontakt: Kath. Pfarramt Peißenberg, Tel. 088 05/9 20 10 oder -2 00, Fax 088 05/9 21 01 16
E-Mail: Auferstehung-des-Herrn.Hohenpeißenberg@erzbistum-muenchen.de
Einkehr: Gasthaus Bayerischer Rigi, Tel. 088 05/3 30
Sehenswert: Kirchen im Pfaffenwinkel: Andechs, Dießen, Polling, Steingaden, Rottenbuch, Wies

Entwicklung Die Anfänge der Wallfahrt liegen in den Wirren der Reformationszeit. Als 1525 die schwäbischen Aufständischen haufenweise in den Pfaffenwinkel eindrangen und das Land verwüsteten, gelobten die bayerischen Bauern die Treue zum überlieferten katholischen Glauben und auch zu ihrem Herzog und leisteten auf dem Hohenpeißenberg erfolgreich Widerstand. Als die Schwaben wieder über den Lech zurückwichen, wurde dies als Hilfe Unserer Lieben Frau gedeutet. 1604 betraute das herzogliche Haus die Augustinerchorherren vom Kloster Rottenbuch mit der Wallfahrtsseelsorge. Nach den Schrecken des Dreißigjährigen Krieges blühte die Wallfahrt wieder etwas auf, im Spanischen Erbfolgekrieg kam sie aber erneut zum Erliegen. Erst als 1705 das nach München verbrachte Gnadenbild, eine thronende Muttergottes um 1460/80, zum Hohenpeißenberg zurückkehrte, kam es zur größten Blüte der Wallfahrt. Der große Zulauf ermöglichte auch 1747/48 finanzielle Voraussetzungen für die Umgestaltung der spätgotischen Gnadenkapelle im Stil des Rokoko. In der Säkularisierung konnte gerade noch ihre Zerstörung verhindert werden.

Andachtsbild mit Blumenmuster (um 1920)

Wallfahrtskirche Weithin sichtbar grüßen die Gnadenkapelle St. Maria und die Wallfahrtskirche Mariä Himmelfahrt als

Weithin sichtbar: die Gnadenkapelle und die Wallfahrtskirche auf dem Hohenpeißenberg (988 m)

»Wahrzeichen des Pfaffenwinkels« ins Land rund um den Hohenpeißenberg, von dem man einen herrlichen Blick auf die Alpenkette hat. An den Ursprung der Gnadenkapelle im frühen 16. Jahrhundert erinnern die ungleichen Spitzbogenfenster der südlichen Außenfassade. Im 18. Jahrhundert wurde die kleine Kirche von den größten Künstlern der damaligen Zeit umgestaltet: Joseph Schmuzer aus Wessobrunn wirkte als Baumeister, sein Sohn Franz Xaver als Stuckateur. Franz Xaver Schmädl aus Weilheim fertigte die Schnitzarbeiten. Matthäus Günther schuf in tiefer Marienfrömmigkeit das Deckenfresko der Verherrlichung Mariens. Außerdem hielt er die Geschichte der Hohenpeißenberger Wallfahrt fest: die Übertragung des Gnadenbildes und die Ankunft der Augustinerchorherren von Rottenbuch. Der Hochaltar aus dem Jahre 1717 zeigt die Aufnahme Mariens in den Himmel. Die größere Wallfahrtskirche wurde zwischen 1616 und 1619 im Renaissancestil erbaut.

Der Bauherr der Gnadenkapelle war Propst Georg Siesmair von Rottenbuch, der den Künstlern die Anregungen zur Ausgestaltung gab.
Matthäus Günther, der die Fresken in der Gandenkapelle schuf, kam 1705 in einer Einöde am Hohenpeißenberg zur Welt.

Wallfahrtsleben Die Anziehungskraft des Hohenpeißenbergs als Wallfahrtsort ist bis in unsere Tage ungebrochen. Gerade in jüngster Zeit erinnern sich wieder mehr Pfarreien und Gruppen der alten Wallfahrtstradition. Ein besonderes Ereignis ist alljährlich am ersten Sonntag im September die Wallfahrt der Trachtenverbände des Lechgaues. Zahlreiche Pfarrwallfahrten aus ganz Bayern und Tirol kommen Jahr für Jahr mit Bussen auf den Hohenpeißenberg. Höhepunkte im Wallfahrtsjahr sind die Feiern der Marienfeste, besonders das Patrozinium der Kirche an Mariä Himmelfahrt (15. August).

Links: Ausschnitt aus dem Deckenfresko von Matthäus Günther

54 Tuntenhausen: Marienwallfahrt mit großer Tradition

Wallfahrtsbild von Tuntenhausen

Ursprung Die Anfänge der Tuntenhauser Wallfahrt reichen bis ins 14. Jahrhundert zurück. Der urkundlich belegbare Beginn der Wallfahrt ist eine Gebetserhörung im Jahr 1441. Ein Mirakelbuch von 1646 berichtet, dass einer kranken Frau die Muttergottes im Schlaf erschienen ist und sie aufgefordert hat, an drei Samstagen hintereinander nach Tuntenhausen in die Kirche zu gehen. Die Frau ist alsbald gesund geworden. Die Kunde von diesem Mirakel verbreitete sich sehr rasch. Von nun an liefen die Menschen »haufenweise« nach Tuntenhausen, verrichteten Gelübde und brachten Opfer. In wenigen Jahren entstand »eine große Kirchfahrt aus allen umliegenden Orten«.

Entwicklung Das wundersame Geschehen des Jahres 1441 sprach sich bald überall herum. In ganz kurzer Zeit entwickelte sich eine blühende Wallfahrt. Bis aus Tirol, dem Salzburger Land, aus der Steiermark und aus Böhmen kamen Pilger nach Tuntenhausen. Ein schwerer Rückschlag für die Tuntenhauser Wallfahrt war ein Kirchenbrand im Jahre 1548. Ungezählte Votivgaben und Kerzen, Glasgemälde, liturgische Geräte und das Gnadenbild wurden ein Raub der Flammen. Erst nach Jahrzehnten konnte die ausgebrannte Kirche wieder aufgebaut werden. Zum Wiederaufblühen der Wallfahrt trug neben einer Erzbruderschaft des Hl. Rosenkranzes die besondere Gunst bei, die die Wittelsbacher dem Marienheiligtum schenkten. Mit ihrer Unterstützung konnte noch während des Dreißigjährigen Krieges die jetzige Kirche errichtet werden. Aufklärung und Säkularisation versetzten der Wallfahrt einen schweren Schlag, vor allem durch die Aufhebung des Klosters Beyharting. Dabei gingen wertvolle wächserne Votivfiguren und alle alten Votivbilder verloren. In der Gegenwart erfreut sich Tuntenhausen einer neuen Beliebtheit.

Anfahrt: *Autobahn A 8 München-Salzburg, Ausfahrt Bad Aibling, Staatsstraße Bad Aibling-Ebersberg, bei Beyharting nach Tuntenhausen • Bundesstraße 304 München-Wasserburg, von Ebersberg nach Beyharting-Tuntenhausen*
Kirche: *Besondere Pilgergottesdienste und Führungen nach Vereinbarung*
Kontakt: *Kath. Pfarramt, Tel. 08067/282, Fax 08067/180732*
E-Mail: *Pfarramt.Tuntenhausen@erzbistum-muenchen.de*
Einkehr: *Gasthaus Schmid, Tel. 08067/262*
Sehenswert: *Kirche in Berbling, Klosterkirche Beyharting und Rott am Inn, Wallfahrtskirche Weihenlinden*

Wallfahrtskirche Die stattliche Hallenkirche mit dem Doppelturm geht in ihrer heutigen Form auf das 17. Jahrhundert zurück. Der Neubau war erforderlich geworden, da 1548 die spätgotische Kirche einem Brand zum Opfer gefallen war, bei dem auch das wundertätige Marienbild zerstört wurde. Mitten im Dreißigjährigen

Krieg wurde mit Unterstützung des bayerischen Fürstenhauses der heutige Bau errichtet. Das Herz der Kirche ist der Gnadenaltar, eine Stiftung von Kurfürst Maximilian I., »aus großer Neigung gegen disen unserer lieben Frauen Gotteshaus«. Die thronende Muttergottes mit dem Jesuskind soll das Werk eines Rosenheimer Künstlers sein. Das Gnadenbild ist wohl bald nach dem Brand entstanden und zeigt spätgotische Züge. Die Madonna, inmitten eines fürstlichen Baldachins, ist der Mittelpunkt des Altares. Sie wird seit alters her als »virgo potens – mächtige Jungfrau« – verehrt und ist seit dem 17. Jahrhundert nach barockem Brauch prunkvoll gekleidet und gekrönt. Die innige Verehrung des Gnadenbildes zeigen vier Schilder mit den Anrufungen »Heil der Kranken«, »Zuflucht der Sünder«, »Hilfe der Christen« und »Trösterin der Betrübte«. Die Kanzel ist ein Meisterwerk barocker Schnitzkunst. Eine besondere Kostbarkeit der Kirche stellen die zahlreichen Votivbilder sowie Votivkerzen rund um den Gnadenaltar dar. An der Außenmauer der Kirche zeigen zahlreiche Fresken Stationen der Wallfahrtsgeschichte.

Wallfahrtsleben Tuntenhausen war einst neben Altötting der bedeutendste Gnadenort in Altbayern. Nach dem Rückgang in der Säkularisation hat die Wallfahrt von Tuntenhausen einen neuen Aufschwung genommen. Aus nah und fern pilgern bis heute Pfarreien zum Gnadenbild. Ein Wallfahrtshöhepunkt ist alljährlich die Wallfahrt des Katholischen Männervereins Tuntenhausen im Frühjahr und Herbst.

Links: Die Wallfahrtskirche mit dem eigenwilligen Doppelturm

Rechts: Das Gnadenbild, eine virgo potens – eine mächtige Jungfrau, trägt seit der Barockzeit eine Krone und ist prunkvoll bekleidet.

Wallfahrtsorte in Oberbayern

55 Weihenlinden: Wallfahrt mit heilsamer Quelle

Ursprung Anstelle der heutigen Wallfahrtskirche stand einst zwischen zwei Linden eine steinerne Martersäule. Im frühen 17. Jahrhundert stellten Höglinger Bürger in der Martersäule eine Muttergottesstatue auf, die besondere Verehrung genoss. In der Notzeit des Dreißigjährigen Krieges und in den Pestjahren gelobte die Pfarrgemeinde von Högling den Bau einer Kapelle zu Ehren der Heiligsten Dreifaltigkeit bei den Linden. Als beim Bau Arbeiter vergeblich nach Wasser gruben und schon aufgeben wollten, entdeckten sie einen vergoldeten Ring. Auf den Rat eines Kapuzinerpaters setzten sie die Kapelle wegen der Form des Ringes »in die Rund« und wählten als Patronin »neben der Heiligen Dreifaltigkeit unser lieben Frauen Hilf«. Nach der Legende fanden die Arbeiter bald eine sprudelnde Quelle.

> **Anfahrt:** *A8 München-Salzburg, Ausfahrt Bad Aibling, von Bad Aibling in Richtung Bruckmühl, bei Heufeld nach Weihenlinden • Staatsstraße Ottobrunn Richtung Bad Aibling, vor Bad Aibling bei Heufeld nach Weihenlinden*
> **Kirche:** *Besondere Pilgergottesdienste und Führungen nach Vereinbarung*
> **Kath. Pfarramt:** *Weihenlinden-Högling, Tel. 080 62/12 81, Fax 080 62/80 66 61*
> **E-Mail:** *hl-dreifaltigkeit.Weihenlinden@erzbistum-muenchen.de*
> **Einkehr:** *Landgasthof Weihenlinden, Tel. 080 62/86 70, Gasthaus Bartl, Tel. 080 62/12 31*
> **Sehenswert:** *Kirche in Berbling, Wallfahrtskirche Tuntenhausen, Klosterkirche Beyharting, Wallfahrtskirche Wilparting/Irschenberg*

Entwicklung Bei der Quelle, die als heilkräftig galt, entstand 1645 eine Gnadenkapelle, die später in den Hochaltar der Wallfahrtskirche einbezogen wurde. Unter der Leitung von Chorherren des Klosters Weyarn, das die Wallfahrtsseelsorge in Weihenlinden übernahm, begann man 1653 mit dem Bau der dreischiffigen Wallfahrtsbasilika, die hundert Jahre später reich mit Stuck und Fresken ausgeschmückt wurde. Ermöglicht wurde die kunstvolle Ausstattung durch die Spenden zahlreicher Wallfahrer. Zum Aufblühen der Wallfahrt trugen besonders drei Bruderschaften bei, die im 17. und 18. Jahrhundert gegründet wurden. Bei der Säkularisation wurde mit dem Kloster Weyarn auch das Vermögen der Kirche Weihenlinden enteignet. Die Chorherren mussten die Wallfahrtsseelsorge dem Pfarrer von Högling über-

Votivbild als Dank für die Rettung in der Sendlinger Bauernschlacht (1705)

Weihenlinden – lieblicher Ort der Marienverehrung in Altbayern

geben. Erst in der Mitte des 19. Jahrhunderts entwickelte sich wieder eine Wallfahrt zu dem einst so beliebten Gnadenort. Seit 1999 betreuen weltliche Priester die Wallfahrer.

Wallfahrtskirche Die Wallfahrtskirche von Weihenlinden ist der Heiligsten Dreifaltigkeit und der Muttergottes geweiht. Sie ist eine dreischiffige Emporenbasilika mit an den Längsseiten verlaufenden Umgängen für die Wallfahrer. Der gesamte Raum hat reichen Stuckdekor von Johann Schwarzenberger aus Aibling. Die Deckengemälde des Mittelschiffes und der Emporen stammen von einem unbekannten Meister. Das Hauptfresko zeigt betende Gläubige vor dem Muttergottesbild von Weihenlinden. Das Zentrum der Kirche ist die außen achteckige, innen runde Gnadenkapelle, die in den Kirchenbau integriert ist. In ihr befindet sich das kostbar bekleidete, spätgotische Gnadenbild der Muttergottes mit dem Kind. Die drei äußeren Seiten der Gnadenkapelle umschließen Gemälde der Heiligen Familie mit den Eltern Mariens und Johannes des Täufers sowie von Augustinus und seinen Eltern. Der Innenraum ist reich stuckiert von Johann Martin Pichler, einem Schüler von Johann Baptist Zimmermann. An der Nordseite der Kirche ist die Brunnenkapelle, ein achteckiger Bau mit Zeltdach. Der Gnadenbrunnen ist gefasst in eine große hölzerne Wandverkleidung in Form eines Baumes: in der Mitte die Muttergottes von Weihenlinden und darüber die Dreifaltigkeit, im Stamm ein geschnitzter Engelskopf als Wasserspeier. Über der Sakristei wurde im Jahr 2000 ein Museum mit Kunstgegenständen und Votivgaben aus der Blütezeit der Wallfahrt in der Barockzeit eingerichtet.

Wallfahrtsleben Die Kirche von Weihenlinden mit den zwei markanten Zwiebeltürmen, einst das Ziel von Wallfahrerströmen aus dem gesamten Oberland, hat nach den durch die Säkularisation bedingten Einbrüchen vor 200 Jahren vor allem im letzten Jahrhundert wieder an Bedeutung als Gnadenort gewonnen. Einige Pfarreien wallfahrten nach alter Tradition neuerdings wieder zu Fuß zum Muttergottesbild. Das ganze Jahr über kommen viele Besucher mit Bussen und erfreuen sich an der idyllisch gelegenen Kirche vor der Alpenkette.

Spruch in der Wallfahrtskirche: Bei Maria zu Weihenlinden kann man allzeit Gnade finden.

1736 ließ Propst Patricius Zwick das Innere der Kirche »auf das schönste mit subtiler Stockador-Arbeit und zu Ehren der Allerheiligsten Dreifaltigkeit, der Allerheiligsten Mutter Gottes und ihre jungfräulichen Gespons Josephi gemahlten Sinnbildern zu jedermans Verwunderung ausschmücken und ziehren«.

Wallfahrtsorte in Oberbayern

56 Maria Eck: Gnadenort mit Blick auf den Chiemsee

Ursprung Im Jahre 1620 kaufte das Kloster Seeon auf einem Vorberg des Hochfelln ein Waldgebiet mit drei Almen, die von einem Pater bewirtschaftet wurden. Er betreute auch eine kleine Kapelle, die auf der »Egg«, wie die Anhöhe genannt wurde, errichtet wurde. Zu dieser Kapelle mit dem Namen Maria Hilf entstand - mitten im Dreißigjährigen Krieg – eine Wallfahrt, die man schon bald Maria Egg nannte.

Anfahrt: *Autobahn A 8 München-Salzburg, Ausfahrt Siegsdorf, am Ortsende von Siegsdorf nach Maria Eck*
Kirche: *Besondere Pilgergottesdienste und Führungen nach Vereinbarung*
Kontakt: *Franziskanerkloster, Tel. 08662/4 98 50, Fax 08662/49 85 22*
Einkehr: *Klostergasthof, Tel. 08662/93 96*
Sehenswert: *Chiemsee: Herren- und Traueninsel, Kloster Seeon*

Entwicklung Nach dem Bau der Maria-Hilf-Kirche entwickelte sich bald eine lebhafte Wallfahrt nach Maria Eck. Viele Gebetserhörungen veranlassten das Chiemseekloster, bereits 1631 ein Mirakelbuch anzulegen, in dem hunderte von Gebetserhörungen verzeichnet wurden. Bis 1803 wurden insgesamt etwa 2000 Eintragungen vorgenommen. Im Zuge der Säkularisation wurden wegen der hohen Staatsverschuldung der Silberschatz (Silbervotive) und die Glocken der Wallfahrtskirche konfisziert. Als sogar das Kirchengewölbe zerschlagen werden sollte, verhinderten dies Holzarbeiter. In dieser schweren Zeit wurden trotz staatlicher Verbote immer wieder im Stillen Wallfahrten unternommen. 1812 konnte das Marienbild, das nach Siegsdorf in Sicherheit gebracht worden war, nach Maria Eck zurückgeholt werden. Als seit 1816 Wallfahrten auch von staatlicher Seite wieder erlaubt waren, blühte Maria Eck neu auf. Gerade in unserer Zeit erfreut sich der landschaftlich reizvoll gelegene Gnadenort größter Beliebtheit. Dazu trägt nicht unwesentlich bei, dass seit 1891 Franziskanerminoriten aus Würzburg, so genannte schwarze Franziskaner, Maria Eck seelsorgerisch betreuen.

Gnadenbild: Maria als Hilfe des Volkes (freie Kopie des Bildes Salus populi in S. Maria Maggiore in Rom)

Wallfahrtskirche Die Kirche stammt in ihrer heutigen Form aus dem 17. Jahrhundert. 1635 wurde der Chor eingeweiht, 1642 der Grundstein zum

Neubau des Kirchenschiffes und Turmes gelegt. Der barocke Hochaltar entstand 1691. Sein Mittelpunkt ist das Gnadenbild eines unbekannten Meisters, wohl aus der Schule Peter Candids. Es ist eine Nachbildung des berühmten Madonnenbildes in S. Maria Maggiore in Rom. Links und rechts des Hochaltars befinden sich Figuren des hl. Benedikt (Kloster Seeon war benediktinisch) und seiner Schwester, der hl. Scholastika. Am linken Seitenaltar wird eine kleine russische Madonnen-lkone verehrt. An den Wänden erinnern zahlreiche Votivgaben und Votivbilder an die lange Tradition dieser Wallfahrtsstätte. Zur Wallfahrtsstätte gehören eine Brunnenkapelle und ein großes Freigelände, auf dem bei Wallfahrtsfesten der Gottesdienst gefeiert wird. Seit 1969 stehen am Wallfahrtsweg, der von Siegsdorf hinaufführt, 15 Bildstöcke mit den Rosenkranzgeheimnissen.

Die Wallfahrtskirche mit der Brunnenkapelle, errichtet auf 882 Metern Höhe in der Nähe des Chiemsees.

In der Wallfahrtskirche wurde seit dem 17. Jahrhundert bis zur Säkularisation ein Mirakelbuch mit vielen Eintragungen geführt.

Wallfahrtsleben Maria Eck wird vom Frühjahr bis in den Herbst hinein von Wallfahrtsgruppen und Einzelpilgern aufgesucht. Die Anziehungskraft des Wallfahrtsortes hat gerade in den letzten Jahren beachtlich zugenommen. So wallfahrten jährlich etwa 50 Pfarrgemeinden, bis aus der Pfalz und dem Rheinland, zu der kleinen Kirche hoch über dem Chiemsee. Und viele Wallfahrtsgruppen kommen wie ehedem wieder zu Fuß. Besondere Höhepunkte sind die alljährliche Wallfahrt der Trachtenvereine des Chiemgaus am 3. Sonntag im Mai, die Wallfahrt der Krieger- und Veteranenvereine am 4. Sonntag nach Pfingsten sowie das Patrozinium der Kirche am Fest Mariä Himmelfahrt (15. August).

57 Kirchwald: idyllisch gelegene Einsiedelei unterm Heuberg

Ursprung Diese marianische Wallfahrt geht zurück auf den Tuchmachergesellen Michael Schöpfl aus Mähren, der 1644 von einer Romreise ein Madonnenbild mitbrachte. Auf abenteuerlichen Wegen kam der fromme Pilger bis nach Tirol und nach Nußdorf, wo er sich im Kirchwald unterm Heuberg niederließ und neben seiner »Quarantan«, einer Klause, eine einfache kleine Holzkapelle erbaute, die bald von frommen Betern aufgesucht wurde. Angezogen fühlten sich diese auch durch eine in der Nähe der Klause sprudelnde Quelle, die der Eremit durch Gebet und Eingießen von geweihtem Wasser aus dem Gnadenbrünnlein von Högling-Weihenlinden zu einer Heilquelle machte. Als immer mehr Leute zur Kapelle und zum Brünnlein pilgerten, baute der Einsiedler eine größere Holzkapelle. Unter seinem Nachfolger Wolfgang Rieder blühte die Wallfahrt so sehr auf, dass im Jahre 1667 mit dem Bau einer gemauerten Kirche begonnen wurde.

Anfahrt: *Autobahn A 8 München-Salzburg, Ausfahrt Inntaldreieck, Autobahn A 12, Ausfahrt Brannenburg, von hier nach Nußdorf*
Kirche: *Besichtigung nur durch ein Gitter möglich*
Kontakt: *Kath. Pfarramt, Tel. 080 34/39 39*
Einkehr: *Schneiderwirt, Tel. 080 34/45 27, Fax 080 34/26 24*
Sehenswert: *Wallfahrtskirche auf dem Petersberg bei Flintsbach, Passionsspielhaus in Erl/Tirol*

Entwicklung Einen großen Auftrieb erlebte die Wallfahrt mitten im Bergwald, als Casimir Weiß, ein Wirtssohn aus Nußdorf, als Eremit nach Kirchwald kam und sich tatkräftig für den Bau einer neuen Kirche einsetzte. In einer neuen, vergrößerten Klause richtete er auch eine kleine Schule ein, in der er die Nußdorfer Kinder unterrichtete. Es ist die gleiche Klause, die noch heute von einem Einsiedler bewohnt wird. Nach seinem Tode wurde die Wallfahrt von verschiedenen Eremiten betreut.

Wallfahrtskirche Die Kirche Mariä Heimsuchung wurde durch den heimischen Baumeister Wolfgang Dientzenhofer geschaffen und 1756 feierlich eingeweiht. Der spätbarocke Bau wird von einem schlanken, schindelbedeckten Zwiebelturm überragt. Der Mittelpunkt der lichten Kirche ist das von einem Strahlenkranz eingesäumte Gnadenbild, das Michael Schöpfl, der erste Eremit, aus Rom mitbrachte. Dabei handelt es sich um eine Kopie des Gnadenbildes »Maria Schnee« in S. Maria Maggiore in Rom, gemalt um 1600 mit Tempera-

Hölzerner Rahmen um die Eingangstür mit Darstellung der Gründungsgeschichte der Wallfahrt

Die idyllisch, auf einer einsamen Waldwiese gelegene Wallfahrtskirche auf dem Weg zum Heuberg

farben auf Holz. Der rechte Seitenaltar zeigt ein Bild des hl. Joseph, flankiert von Figuren der beiden Pestheiligen Rochus und Sebastian, der linke Seitenaltar ist der heiligen Mutter Anna geweiht. Eine Rarität sind in der Kirche zwei Zunftstangen der früheren Innschiffer. Die Stangen aus der zweiten Hälfte des 18. Jahrhunderts tragen kleine Schiffe mit einer Darstellung Mariens sowie des hl. Nikolaus und Johann Nepomuk, den Patronen der Schiffsleute. Votivtafeln, einige noch aus dem 18. Jahrhundert, erinnern an die Wallfahrtsgeschichte. Ein schmiedeeisernes Gitter aus der Barockzeit schließt den Innenraum der Kirche ab. Beachtenswert ist die Bemalung des hölzernen Türrahmens aus dem Jahre 1758 in der Vorhalle der Kirche mit der Darstellung der Gründungsgeschichte Kirchwalds. Zur Wallfahrtskirche gehören die Klause aus dem Jahre 1716 sowie die kleine Wasserkapelle mit einer Heilquelle.

Zur Wallfahrt gehört eine Klause, die seit 1716 von Eremiten bewohnt wird.

Wallfahrtsleben Kirchwald erfreut sich neuerdings wieder großer Beliebtheit. Viele Wallfahrer ziehen, einzeln oder in Gruppen, von Nußdorf in einer halben Stunde nach Mariä Heimsuchung hinauf. Höhepunkte des Wallfahrtsjahres sind die Marienfeste, besonders das Patrozinium am 2. Juli. Den feierlichen Abschluss stellen jeweils die »drei goldenen Samstage« dar, jene drei Samstage, die auf Michaeli (29. September) folgen. An diesen Oktobertagen finden sich viele Wallfahrer rund um den Freialtar bei der Kirche ein. Die beiden Wirte aus Nußdorf sorgen für das leibliche Wohl der Beter.

Prozessionsstange der Zunft der Innschiffer aus dem 18. Jahrhundert

Wallfahrtsorte in Oberbayern

58 Birkenstein: »Schöne Kapelln« unterm Breitenstein

Ursprung Eine halbe Wegstunde von Fischbachau entfernt hatte im Jahre 1673 der Pfarrvikar des kleinen Ortes an einer Martersäule eine Erscheinung der Muttergottes, die sich wünschte, hier beim Marterl verehrt zu werden. Ähnliches träumten ein Wirt und ein Bauer. Nach einigen Zweifeln des Fischbachauer Geistlichen entschloss man sich im selben Jahr, »beim Birkenstein« eine Kapelle zu erbauen und darin eine seit langem verehrte Marienfigur aufzustellen. Nunmehr beteten immer mehr Menschen hier, und viele erlangten Hilfe in ihren Anliegen. Die Guttaten sprachen sich herum und trugen dazu bei, dass der Strom der Wallfahrer immer größer wurde.

> **Anfahrt:** Autobahn A 8 München-Salzburg, Ausfahrt Weyarn oder Irschenberg in Richtung Miesbach, hier Bundesstraße 307 in Richtung Fischbachau (landschaftlich schöne Wegstrecke), von hier nach Birkenstein oder bei Miesbach weiter auf der Bundesstraße 307 in Richtung Bayrischzell bis Aurach, hier nach Fischbachau und Birkenstein
> **Kirche:** Besondere Pilgergottesdienste und Führungen nach Vereinbarung
> **Kontakt:** Wallfahrtskapelle Birkenstein, Tel. 0 80 28/8 30, Fax 0 80 28/90 59 64
> **Einkehr:** Gasthaus Bergmühle, Tel. 0 80 28/7 32, Café Seidl, Tel. 0 80 28/8 96, Gasthäuser in Fischbachau, Café Winklstüberl in Elbach
> **Sehenswert:** Pfarrkirche Fischbachau, Klosterkirche Weyarn, Tegernsee

Entwicklung Mit der ersten Kapelle aus dem Jahre 1673 wurde der Grundstein für eine Wallfahrt gelegt, die die Stürme der Zeit bis heute überdauert hat. Bereits ein Jahr danach begann man mit dem Bau einer größeren Kirche, und zwar als »Casa Santa«, als Haus der Heiligen Familie in Nazareth, das der Legende nach von Engeln nach Loreto bei Ancona in Italien übertragen wurde. Bald war die Wallfahrt so angewachsen, dass Benediktiner aus dem Kloster Fischbachau mit der Seelsorge beauftragt werden mussten. Nach der Säkularisation drohte zunächst ein gänzlicher Verfall der Gnadenstätte, doch als das Wallfahren wieder erlaubt wurde, kamen erneut Wallfahrer nach Birkenstein. Durch Spenden konnte der Bau eines Hauses für den Wallfahrtspriester und die Armen Schulschwestern finanziert werden, die sich bis heute um die Kirche kümmern.

Wallfahrtskirche Der Bau der heutigen, zweigeschossigen Kirche mit dem schindelgedeckten Dach und dem zierlichen Zwiebelturm wurde im Jahr 1710 begonnen. Das Innere statteten einheimische Handwerker und Künstler um 1765 liebevoll im Rokokostil als »Casa Santa«, als Haus der Heiligen Familie in Loreto, aus. Das »Lauretanische Haus« ist ein Lobpreis auf die Gottesmutter. Ihr Bild

Votivbild von 1879

Birkenstein – ein Ort lebendiger Volksfrömmigkeit inmitten einer unberührten Bergwelt

umschweben 92 Engel. Die Pracht des Gnadenbildes wird noch gesteigert durch einen leuchtenden Strahlenkranz. Einer Bühne ähnlich, schafft der Altar die Vision räumlicher Tiefe. Sein überschwänglicher Zierrat ist Ausdruck einer tiefen marianischen Frömmigkeit, ein Hymnus auf die himmlische Frau.

Wallfahrtsleben Birkenstein nimmt eine Sonderstellung im Kreis der bayerischen Gnadenstätten ein. An allen Tagen des Jahres, auch im Winter, ist die Wallfahrtskirche das Ziel von Betern, die aus nah und fern zum lieblichen Gnadenbild kommen und inmitten der Waldeinsamkeit eine stille Einkehr halten. Nach alter Tradition pilgern viele Pfarrgemeinden zu Fuß – bis aus Tirol – zum Birkenstein. An Sonn- und Feiertagen kann die kleine Kapelle die vielen Beter nicht fassen. Ein besonderes Erlebnis ist es, wenn in den Sommermonaten der Wallfahrtsgottesdienst im Freien gefeiert wird. Wallfahrtshöhepunkte sind alljährlich die Marienfeste, die Trachtenwallfahrt an Christi Himmelfahrt und das Patrozinium am 15. August. Besonders an diesen Tagen erleben die Wallfahrer in Birkenstein eine bis heute ungebrochene altbayerische Volksfrömmigkeit.

Das Haus Mariens in Nazareth, die Casa Santa, wurde 1294 von Kreuzfahrern vor den Muselmanen in Sicherheit gebracht und nach Loreto in Italien übertragen. Nachbildungen des Heiligen Hauses entstanden auch in Thaur/Hall in Tirol, Rosenheim und Kloster Reutberg.

59 Wies: der Geißelte Heiland in Rokokoherrlichkeit

Ursprung Im Jahre 1730 wurde in der Karfreitagsprozession im Prämonstratenserkloster Steingaden auch eine Figur des Gegeißelten Heilands mitgeführt, die aus alten, unter Gerümpel gefundenen Teilen wieder zusammengesetzt und neu angestrichen worden war. Zuletzt war sie im Besitz des Klosterwirts, der sie der Wiesbäuerin Maria Lori vermachte. Sie stellte sie zur Verehrung in ihrer Wohnung auf. Am 14. Juni 1738 bemerkte sie im Gesicht der Christusfigur Tränen. Als Gebetserhörungen bekannt wurden, genehmigte der Steingadener Abt den Bau einer kleinen Feldkapelle.

Anfahrt: Bundesstraße 17 Landsberg-Füssen, bei Steingaden in Richtung Garmisch-Partenkirchen, nach rechts zur Wies. Autobahn A 95 München-Garmisch, in Oberau Bundesstraße 23 bis Eschelsbacher Brücke, weiter in Richtung Steingaden, nach Wildsteig zur Wies
Kirche: Besondere Pilgergottesdienste und Führungen nach Vereinbarung
Kontakt: Wallfahrtskuratie, Tel. 088 62/93 29 30
Einkehr: Gasthof Schweiger (bei der Kirche), Tel. 088 62/5 00, Gasthof Moser, Tel. 088 62/5 03, in Steingaden: Alte Schmiede, Tel. 088 62/3 45, in Ettal: Klosterbräustüberl, Tel. 088 22/91 50
Sehenswert: Klosterkirche Rottenbuch und Steingaden, Kloster Ettal

Entwicklung Die kleine Kapelle wurde zu einem Zufluchtsort der Bauern in vielen Nöten und Leibesgebrechen. Als 1744 erstmals eine hl. Messe darin gefeiert wurde, vermehrte sich die Zahl der Wallfahrer abermals. Von nun an war auch ein Chorherr aus Steingaden ständig anwesend. Angesichts des weiter steigenden Zulaufs entschloss sich das Steingadener Kloster zum Bau einer großen Kirche, die die immense Summe von 200 000 Gulden kosten sollte. Als Baumeister verpflichtete man den Wessobrunner Dominikus Zimmermann, der hier sein Hauptwerk schuf. Bereits 1753 konnte die Kirche nach nur siebenjähriger Bauzeit geweiht werden. Mit Fertigstellung der Kirche erreichte der Zustrom seinen Höhepunkt. Über Pilgerstraßen zogen Wallfahrer herbei. In der Säkularisation sollte die Kirche auf Abbruch versteigert werden, was durch Bauern der Umgebung aber verhindert werden konnte.

Gnadenbild des Gegeißelten Heilands – ein Ausdruck des Jammers

Wallfahrtskirche Mit der Kirche in der Wies gelang Dominikus Zimmermann zusammen mit seinem Bruder Johann Baptist ein Werk, dem an Genialität und Harmonie kein Kirchenbau des europäischen Rokoko gleichkommt. Mit Recht

Eingebettet in die Landschaft vor den Trauchbergen: die Wieskirche, das Meisterwerk von Dominikus Zimmermann, ist auch im Zeitalter des Massentourismus ein Ort des Gebetes.

gilt die Wies als die Perle des an Kunstwerken so reichen Pfaffenwinkels und als Gipfel kirchlicher Baukunst des ausklingenden Barock.

Schon im Äußeren besticht der Bau durch seine harmonische Beschwingtheit. Mit dem 1753 vollendeten Werk gelang Zimmermann erstmals die geniale Komposition von Langhaus und Zentralhaus. Der Innenraum ist in seiner Architektur, Stuckatur und Farbgebung ohne Beispiel. Der Besucher ist von der Schönheit und Eleganz, der Heiterkeit und Lichtfülle überwältigt. Überreich umspielen die Stuckaturen die in weichen Farben gehaltenen Fresken. Diese sind thematisch ganz auf die Wallfahrt zum Gegeißelten Heiland ausgerichtet. Im Chorfresko tragen Engel das Kreuz und die Leidenswerkzeuge in den lichten Himmel. Das riesige Hauptfresko zeigt eine Vision des sich anbahnenden Jüngsten Gerichts. Der Hochaltar besticht durch eine perfekte Anordnung von Säulen, Altarbild und Baldachin. Der Mittelpunkt des Altars ist die Wallfahrtsstatue des Gegeißelten Heilands über dem Tabernakel. Ein besonderes Glanzstück des Gotteshauses ist die Kanzel, die in ihrer Beschwingtheit und Formenvielfalt eine Dynamik ohnegleichen ausstrahlt, durchzogen von der Idee. Zur Kirche gehört ein Wallfahrtsmuseum im Priesterhaus neben dem Turm. Es bietet einen interessanten Überblick über die Wallfahrtsgeschichte.

Abt Marianus II. Mayer von Steingaden, der seine letzten Lebensjahre in der Wies verbrachte, ritzte in das Fenster des Prälatensaales mit seinem Diamantring die Worte: »Hoc loco habitat fortuna, hic quiescit cor.« »An diesem Ort wohnt das Glück, hier findet das Herz seine Ruh.«

Wallfahrtsleben Trotz des heutigen Massentourismus ist die Wallfahrtstradition nicht zum Erliegen gekommen. Bis in unsere Tage pilgern vom Frühjahr bis in den Herbst hinein etwa 40 Pfarreien in die Wies und nehmen oft tagelange Fußmärsche auf sich. Neben den Fußwallfahrern kommen zahllose Gruppen mit Bussen, um an diesem Gnadenort einen Wallfahrtsgottesdienst zu feiern. Zu allen Jahreszeiten finden sich in der herrlichen Kirche Menschen zu geistiger Einkehr und Gebet ein. Wie lebendig die Wallfahrtsfrömmigkeit noch heute ist, zeigen im Umgang des Chores zahlreiche Votivtafeln und Zettel von Pilgern.

60 Ettal: Marienwallfahrt inmitten der Ammergauer Berge

Ursprung Die Geschichte des Klosters Ettal und der Wallfahrt hängt aufs Engste mit Kaiser Ludwig dem Bayern zusammen, der nach einer legendären Überlieferung 1329 auf einer Romfahrt das Gelübde ablegte, bei glücklicher Rückkehr ein Kloster zu stiften. Als er die Lage des künftigen Klosters selbst in Augenschein nehmen wollte, soll sein Pferd im Graswangtal an der alten Handelsstraße von Verona über Mittenwald nach Augsburg nicht mehr von der Stelle gewichen sein, worauf er 1330 dort das Kloster gründete. Diesem vermachte er eine von Italien mitgebrachte Marienstatue aus weißem Carrara-Marmor, genannt »Frau Stifterin«, zu der fortan einzelne Pilger kamen.

> **Anfahrt:** Autobahn A 95 München-Garmisch-Partenkirchen, in Oberau Bundesstraße 23 Richtung Oberammergau nach Ettal • Bundesstraße 23 Landsberg-Schongau-Garmisch-Partenkirchen
> **Kirche:** Besondere Pilgergottesdienste und Führungen nach Vereinbarung
> **Kontakt:** Kath. Pfarramt, Tel. 08 22/742 05, Fax 08 22/7 42 06
> **E-Mail:** pfarramt@kloster-ettal.de
> **Einkehr:** Klosterbräustüberl, Tel. 088 22/91 50, Hotel Post, Tel. 08 22/35 96, Blaue Gams, Tel. 08 22/64 49, Restaurant-Café Edelweiß, Tel. 08 22/9 29 20, Restaurant-Café zum Mayer, Tel. 08 22/62 20, Gasthaus Ettler Mühle, Tel. 08 22/64 22
> **Sehenswert:** Brauereimuseum und Destillerie des Klosters (Führungen in Gruppen), Tel. 08 22/7 42 19, Schaukäserei Ammergauer Alpen in Ettal, Tel. 08 22/92 39 26, Schloss Linderhof, Tel. 08 22/9 20 30, Passionsspieldorf Oberammergau

Entwicklung Erste Belege für ein Aufblühen der Ettaler Wallfahrt stammen aus der Zeit um 1500. Einen großen Aufschwung erlebte sie aber erst zur Zeit der Gegenreformation und des beginnenden Barock. Das Anwachsen der Wall-fahrt ließ die Ettaler Mönche bald eine Gaststätte bauen, in der sie ihr selbst gebrautes Bier ausschenkten. Ihren Höhepunkt erlebte die Wallfahrt im 18. Jahrhundert. In dieser Zeit zählte man in Ettal jährlich über 60 000 Pilger, die aus dem Werdenfelser Land, aus dem Chiemgau und Salzburger Land, aus dem Lechraum und Allgäu, aus Niederbayern und der Oberpfalz kamen. Die Aufklärung und vor allem die Säkularisation von 1803 brachten das Wallfahren fast zum Erliegen. Die Mönche mussten Ettal verlassen, die Wallfahrt hatte nur noch eine geringe lokale Bedeutung. Erst im Jahre 1900 wurde unter Abt Rupert Metzenleitner von Scheyern das Kloster wiedererrichtet und die Wallfahrt gefördert. Einen neuen Aufschwung nahm die einstige Wallfahrtstradition nach 1945.

Die prächtige Ausstattung des Kirchenraumes – das Werk bedeutender Künstler des Rokoko

Die Klosterkirche mit der imposanten Kuppel von Enrico Zuccalli ist der Mittelpunkt des Benediktinerklosters aus dem 14. Jahrhundert.

Wallfahrtskirche Im Jahre 1370 wurde die gotische Kirche, ein zwölfeckiger Zentralbau aus Sandstein mit einem hohen Zeltdach, geweiht. Die Pläne für die Klosterkirche in ihrer heutigen Form entwarf ab 1709 der kurfürstliche Hofbaumeister Enrico Zuccalli. Nach seiner Idee wurde dem gotischen Bau eine geschwungene Barockfassade vorgesetzt, die erst im 19. Jahrhundert vollendet wurde. Die Mittelsäule des ursprünglichen Zwölfecks wurde entfernt und der Hauptraum durch eine kolossale Kuppel geschlossen. Um den Eindruck eines Rundbaues zu erwecken, wurden den Ecken der gotischen Zwölfeckanlage Pilaster vorgesetzt. So kam es zu einer äußerst dynamischen Raumwirkung. Nach den großen Brand von 1744 gestaltete der Wessobrunner Baumeister Joseph Schmuzer Kirche und Konvent neu. Der höfisch wirkende Stuck stammt von seinem Sohn Franz Xaver Schmuzer und von Johann Georg Üblher; er ist in Weiß und Gold gehalten und gehört zu den besten Arbeiten seiner Zeit. Zentraler Blickfang der Kirche ist das großartige Deckengemälde der Kuppel, die Glorie des Benediktinerordens, ein Meisterwerk des Tiroler Malers Johann Jakob Zeiller. Die Kuppel erreicht einen Durchmesser von 25 Metern. Mittelpunkt des Hochaltars ist das Gnadenbild. Die kleine Marienfigur ist seit der Barockzeit mit Brokatmantel und Krone bekleidet.

Die Ettaler Wallfahrt wurde vor allem in der Barockzeit vom bayerischen Herrscherhaus gefördert. König Ludwig I. und Maximilian II. besuchten bei Reisen und Jagdausflügen das Kloster und die Kirche.

Wallfahrtsleben Seit mehr als sechs Jahrhunderten ist Ettal ein herausragender Ort der Marienverehrung in Bayern. Bis heute kommen aus der engeren und weiteren Umgebung jährlich noch zahlreiche Fußwallfahrergruppen, sogar aus der Augsburger Gegend und Tirol. Die Nähe zu den Königsschlössern und zu Oberammergau lockt auch viele Touristen nach Ettal. Viele verweilen hier in Stille und Gebet vor dem Bild Unserer Lieben Frau.

Wallfahrten nach Diözesen

Diözese Augsburg
Andechs: Heiliger Berg am Ammersee
Biberbach: Wallfahrt zum »Hochberühmten Herrgöttle«
Friedberg: »Herrgottsruh«, ein alter schwäbischer Gnadenort
Inchenhofen: Leonhardiverehrung seit dem Mittelalter
Maria Beinberg: einsame Bauernwallfahrt im Spargelland
Maria Rain: »Liebe Frauenkapelle auf den Rainen« bei Nesselwang
Maria Steinbach: Rokokokleinod im Allgäuer Hügelland
Maria Trost: Gnadenort in den Allgäuer Bergen
Maria Vesperbild: beliebtes Marienheiligtum in Schwaben
Speiden: Allgäuer Mariahilf-Wallfahrt
Vilgertshofen: Wallfahrt zur Schmerzhaften Muttergottes
Violau: Unsere Liebe Frau in der »Veilchen Au«
Wies: der Gegeißelte Heiland in Rokokoherrlichkeit

Erzdiözese Bamberg
Gößweinstein: Wallfahrtsjuwel in der Fränkischen Schweiz
Maria Glosberg: Marienfrömmigkeit im Frankenwald
Marienweiher: beliebtes Gnadenbild in den Wäldern Oberfrankens
Vierzehnheiligen: barockes Wallfahrtsheiligtum im oberen Maintal

Diözese Eichstätt
Bergen: tausendjährige Wallfahrt zum Heiligen Kreuz
Freystadt: Mariahilf-Wallfahrt zu einem Juwel des bayerischen Barock
Habsberg: »Maria, Heil der Kranken« auf einsamer Jurahöhe
Maria Brünnlein: viel besuchte Wallfahrt am Tor zum Ries
Neumarkt i.d.Oberpfalz: auf altem Wallfahrerweg zum Mariahilfberg
Trautmannshofen: Oberpfälzer Marienwallfahrt mit Kirchweih

Erzdiözese München und Freising
Birkenstein: »Schöne Kapelln« unterm Breitenstein
Ettal: Marienwallfahrt inmitten der Ammergauer Berge
Hohenpeißenberg: Marienwallfahrt im Herzen des Pfaffenwinkels
Kirchwald: idyllisch gelegene Einsiedelei unterm Heuberg
Maria Birnbaum: italienische Barockarchitektur in Schwaben
Maria Dorfen: beliebte Wallfahrt im Erdinger Land
Maria Eck: Gnadenort mit Blick auf den Chiemsee
Maria Eich: Oase im Wald vor den Toren Münchens
Maria Ramersdorf: älteste Wallfahrt in München
Maria Thalheim: Kapelle beim Hollunderbaum
Maria Thalkirchen: traditionsreiche Münchner Marienwallfahrt
Scheyern: Kreuzwallfahrt mit alter Klostertradition
Tuntenhausen: Marienwallfahrt mit großer Tradition
Weihenlinden: Wallfahrt mit heilsamer Quelle

Diözese Passau
Altötting: 500 Jahre Pilgerfahrt zur »Schwarzen Muttergottes«
Passau: Mariahilfberg über der Dreiflüssestadt

Arten der Wallfahrten

Sammarei: Gnadenkapelle in der barocken Wallfahrtskirche

Diözese Regensburg

Amberg: Wallfahrtsfrömmigkeit auf dem Mariahilfberg
Bettbrunn: älteste bayerische Salvatorwallfahrt
Bogenberg: Marienwallfahrt hoch über dem Donautal
Fahrenberg: Heiliger Berg der Oberpfalz
Haindling: Marienwallfahrt im fruchtbaren Laabertal
Mariaort: Marienbild in den Fluten der Naab
Neukirchen beim Heiligen Blut: Gnadenort an der böhmischen Grenze
Sulzbach-Rosenberg: Verehrung der hl. Mutter Anna
Vilsbiburg: Maria Hilf auf dem Berg über dem Vilstal
Waldsassen: Die Kappel – Wallfahrt zur Heiligsten Dreifaltigkeit

Diözese Würzburg

Dettelbach: »Maria im Sand« inmitten von Weingärten
Fährbrück: fränkische Wallfahrt zu Unserer Lieben Frau
Großheubach: St. Michael auf dem Engelberg über dem Main
Hessenthal: Unsere Liebe Frau im Spessart
Kreuzberg in der Rhön: der heilige Berg der Franken
Mariabuchen: Wallfahrtsidylle in den Wäldern des Spessarts
Retzbach: »Maria im grünen Tal« – älteste Wallfahrt Frankens
Volkach: »Maria im Weingarten« auf dem Kirchberg
Würzburg: Käppele – fränkisches Wallfahrtskleinod

Christuswallfahrten

Bergen, Bettbrunn, Biberbach
Friedberg
Kreuzberg in der Rhön
Scheyern
Wies

Dreifaltigkeitswallfahrten

Gößweinstein
Waldsassen

Marienwallfahrten

Altötting, Amberg, Andechs
Birkenstein, Bogenberg
Dettelbach
Engelberg, Ettal
Fährbrück, Fahrenberg, Freystadt
Gößweinstein
Habsberg, Haindling, Hessenthal, Hohenpeißenberg
Kirchwald
Maria Beinberg, Maria Birnbaum, Maria Brünnlein, Mariabuchen, Maria Dorfen, Maria Eck, Maria Eich, Maria Glosberg, Mariaort, Maria Rain, Maria Ramersdorf/München, Maria Steinbach, Maria Thalheim, Maria Thalkirchen/München, Maria Trost, Maria Vesperbild, Marienweiher
Neukirchen b.Heiligen Blut, Neumarkt i.d. Oberpfalz
Passau
Retzbach
Sammarei, Speiden
Trautmannshofen, Tuntenhausen
Vilgertshofen, Vilsbiburg Violau, Volkach
Weihenlinden, Weißenregen, Würzburg

Heiligenwallfahrten

Inchenhofen
Sulzbach-Rosenberg
Vierzehnheiligen

Glossar

Andachtsbild: Einfaches Wallfahrtsbildchen mit Gnadenbild und kurzem Gebet, Mitbringsel vom Wallfahrtsort, meist aufbewahrt in Gebetbüchern.

Anna-Selbdritt: Darstellung von Maria, ihrer Mutter Anna und dem Jesuskind.

Barock: Kunstrichtung zwischen Renaissance und Klassizismus (17. Jahrhundert – Mitte 18. Jahrhundert), besonders ausgeprägt in der Baukunst von Kirchen, Klöstern und Profanbauten, heitere Grundstimmung.

Basilika: Eine mehrschiffige Kirche, das Mittelschiff ist höher als die Seitenschiffe. Titel einer vom Papst verliehenen Auszeichnung für eine bedeutende Kirche (Dom, Wallfahrtskirche, Klosterkirche).

Chor/Apsis: Bezeichnung für den meist um mehrere Stufen erhöhten Abschluss des Kirchenraumes (Altarraum).

Evangelisten: Verfasser der vier Evangelien: Matthäus, Markus, Johannes, Lukas.

Fresko: Bemalte Stellen an Decken und Wänden in Kirchen.

Gnadenbild: In Wallfahrtsorten verehrtes Bild der Hl. Dreifaltigkeit (Gottvater/ Jesus/ Hl. Geist), von Jesus Christus, Maria oder von Heiligen. Vom Gebet vor dem Gnadenbild erhoffen die Gläubigen die Erhörung (Gnade) ihrer Gebetsbitten. Zentrum des Gnadenortes.

Gottesmutter/ Muttergottes: Bezeichnung für Maria.

Hochaltar: Ursprünglicher Hauptaltar an der Stirnseite des Chorraumes.

Kanzel: Früherer Ort der Predigt im seitlichen Kirchenschiff. Heute selten, da durch den Ambo im Altarraum ersetzt.

Kirchenschiff: Innenraum der Kirche, Raum mit den Gebetsbänken der Gläubigen, meist ausgeschmückt mit Figuren und Bildern, auch als Langhaus bezeichnet.

Mirakelbuch: Buch mit Aufzeichnungen der an einem Wallfahrtsort bekannt gemachten Gebetserhörungen.

Patrozinium: Brauch, eine Kirche unter den Schutz (Patrozinium) eines Heiligen/ einer Heiligen zu stellen. Jährliche Feier des Namensfestes des Kirchenpatrons.

Pieta: Darstellung von Maria mit dem toten Sohn auf dem Schoß, in Franken als Vesperbild bekannt.

Reliquien: Der Leib verstorbener Heiliger bzw. Teile von ihm sowie Gegenstände aus ihrem Leben. Reliquien werden häufig in kostbar gearbeiteten Reliquiaren aufbewahrt und zur Schau gestellt.

Rokoko: Letzte Phase des Barock (etwa ab 1730 – 1780), verspielte Formen aus Stuck, z. B. kleine Puttenengel.

Rosenkranz: Ein Gebet, bei dem diese Perlenschnur verwendet wird.

Säkularisation: Staatliche Enteignung des Kirchen- und Klosterbesitzes 1803, Auflösung vieler Wallfahrtskirchen.

Salvator: Eigentlich »salvator mundi« (lat.): Erlöser, Retter der Welt. Bezeichnung für Christus.

Stuck: Künstlerische Ausgestaltung in Kirchen und Profanbauten in der Zeit des Rokoko durch Stuckateure, Verzierungen mit Gips an Decken und Wänden.

Tabernakel: Kostbarer Schrein zur Aufbewahrung der Hostien und Kelche, seit der Barockzeit Zentrum des Altares.

Votivbild: Bildliche Darstellung eines Gebetsanliegens (Unglück, Krankheit, Tod) auf einer kleinen Tafel, geschaffen von unbekannten Tafelmalern. Das Votivbild wird aufgrund eines Versprechens (ex voto) oder zum Dank zum Wallfahrtsort gebracht.

Votivgaben: Von Pilgern in Notlagen und zum Dank zu einem Wallfahrtsort gebrachte Bilder, Kerzen und Holzkreuze.

Literaturverzeichnis

Altmann, Lothar: Der Heilige Berg Andechs. Geschichte und Kunst. München/Zürich 1986
ders.: Mariahilf Freystadt. München/Zürich³ 1988
Altmann, Lothar/Dorn, Ludwig: Mariahilf in Speiden. München/Zürich² 1985
Altmann, Lothar/Schnell, Hugo: Stiftskirche Scheyern. München/Zürich⁵ 1977
Batzl, Heribert, Wallfahrt Trautmannshofen. München/Zürich² 1983
Bauch, Andreas: Mariahilfberg Neumarkt i.d. Oberpfalz. München/Zürich 1979
Bauch, Andreas/Wenzel, Peter : Wallfahrt Habsberg. München/Zürich 2005
Bleibrunner, Hans: Andachtsbilder aus Altbayern. München 1971
Bomhard von, Peter/Benker, Sigmund : Weihenlinden: Regensburg 1995
Bosl, Karl (Hrsg.): Handbuch der hist. Stätten Deutschlands: Bayern. Stuttgart² 1974
Brems, Franz Josef: Marien-Wallfahrtsstätten in Oberbayern. München 1988
Brenninger, Georg: Wallfahrtskirche Hl. Blut in Erding. Ottobeuren² 1987
Brückner, Wolfgang/Schneider, Wolfgang (Hrsg.): Wallfahrt im Bistum Würzburg. Gnadenorte, Kult- und Andachtsstätten in Unterfranken. Würzburg 1996
Brugger, Walter/Kunzmann, Adolf: Altötting und Neuötting. Freilassing 1978
Buck, Ingeborg Maria: Katholische Pfarr- und Wallfahrtskirche Maria Steinbach. Lindenberg 1998
Dehio, Georg: Handbuch der Deutschen Kunstdenkmäler: Bayern I-V: Franken, Niederbayern, Schwaben, München und Oberbayern, Regensburg und Oberpfalz. München/Berlin 1988–99
Diethener, Franz/Reiß, Gustav/Schnell, Hugo: St. Salvator Bettbrunn. München/Zürich⁷ 1985
Diözesanmuseum für christliche Kunst des Erzbistums München und Freising (Hrsg.): Gnadenstätten im Erdinger Land. München/Zürich 1986
Dorn, Ludwig: Die Wallfahrten des Bistums Augsburg. St. Ottilien³ 1976
Drunkenpolz, P. Engelbert: Mariahilf ob Passau. München/Zürich³ 1981
Dünninger, Eberhard: Eine Geschichte der Wallfahrten. Auf Bergen, in Wäldern und an Quellen, in: Bayernkurier v. 5.11.1988
Dünninger, Josef: Fahrenberg, in: Fink, Alois: a.a.O.
ders.: Die Marianischen Wallfahrten der Diözese Würzburg. Würzburg 1960
ders. (Hrsg.): Pilger und Walleute in Franken. Würzburg 1964
Ehrmann, Angelika: München-Ramersdorf, in: Pfister/Ramisch: a.a.O.
Eichenseer, Adolf (Hrsg.): Volkslieder aus der Oberpfalz, Regensburg 1972
Fink, Alois (Hrsg.): Unbekanntes Bayern. Wallfahrtskirchen und Gnadenstätten. München 1959
Finkenstaedt, Thomas: Die Wallfahrt auf der Wies. Weißenhorn 1979
Gärtner, Hans: Andachtsbildchen. Kleinode privater Frömmigkeitskultur. München 2004
Gierl, Irmgard: Bauernleben und Bauernwallfahrt in Altbayern. Eine kulturkundliche Studie auf Grund der Tuntenhausener Mirakelbücher. München 1960
Goldner, Johannes/Bahnmüller, Wilfried: Maria Ramersdorf. Freilassing 1981
Grabmaier, Josef: Thalkirchener Rosenkranz. Unveröffentlichte Gebetesammlung

Literaturverzeichnis

Greil, Joseph: Wallfahrtskirche Fahrenberg. Waldthurn² 1986
Hartig, Michael: Stätten der Gnade. München 1947
ders.: Die Schutzfrau Bayerns. München 1948
Hartinger, Walter: Mariahilf ob Passau. Volkskundliche Untersuchung der Passauer Wallfahrt und der Mariahilfverehrung im deutschsprachigen Raum. Passau 1985
ders.: Christliche Wallfahrt, in: Wallfahrten im Bistum Passau. Ausstellungskatalog. Passau 1986
Hösch, Karin: Pfarr- und Wallfahrtskirche Maria Ramersdorf/München. Passau 1996
Hofmann, Friedbert: Mariahilf Amberg, Amberg 1981
Hubel, Achim: Weißenregen. München/Zürich⁵ 1981
Hubensteiner, Benno: Vom Geist des Barock. München² 1978
Jocher, Georg: Hohenpeißenberg – Gnadenberg. Die Geschichte der Wallfahrt zu Unser Lieben Frau. St. Ottilien 1985
Julier, Jürgen: Pfarr- und Wallfahrtskirche Retzbach. München/Zürich 1978
Kapellstiftung Altötting (Hrsg.): Geistlicher Liederquell. Altötting o.J.
Kalhammer, Hubert: Wallfahrtskirche Sammarei. München/Zürich² 1985
Kapfhammer, Günther: St. Leonhard zu Ehren. Vom Patron der Pferde, von Wundern und Verehrung, von Leonhardifahrten und Kettenkirchen. Rosenheim 1977
Koch, Laurentius: Ettal. München/Zürich³ 1988
Kolb, Karl: Wallfahrtsland Franken. Würzburg 1979
ders.: Vom heiligen Blut. Würzburg 1980

Kriss, Rudolf: Die religiöse Volkskunde Altbayerns dargestellt an den Wallfahrtsbräuchen. Baden b. Wien 1933
ders.: Die Volkskunde der Altbayerischen Gnadenstätten, Bd. III. München 1971
Kriss-Rettenbeck/Möhler, Gerda: Wallfahrt kennt keine Grenzen. München 1984
Läpple, Alfred: Deutschland, deine Wallfahrtsorte. Aschaffenburg² 1983
Landersdorfer, Anton: Maria Thalheim, in: Pfister/Ramisch: a.a.O.
Leudemann, Norbert u.a.: Maria Rain – Geschichte und Bedeutung. Festgabe zum 500jährigen Jubiläum. Lindenberg 1998
Lieb, Norbert: Maria Beinberg. München/Zürich³ 1986
ders.: Biberbach. München/Zürich⁴ 1987
Luda, Margot/Greß, Franz Xaver: Wallfahrtskirche Maria Trost. Schwäbische Kunstdenkmale, Heft 31. Weißenhorn 1986
Lutz, Dominik/Bornschlegel, A.: Basilika Vierzehnheiligen. Staffelstein 1983
Mader, Franz: Wallfahrten im Bistum Passau. München/Zürich 1984
Maria Eck, Minoritenkloster (Hrsg.): Maria Eck, Würzburg 1975
Maria Vesperbild, Wallfahrtsbenefizium (Hrsg.): Wallfahrtskirche Maria Vesperbild. Ottobeuren⁴ 1988
Mark, Edmund: Wallfahrtskirche Maria Glosberg. München/Zürich 1981
Mathäser, Willibald: Kloster- und Wallfahrts-Kirche Andechs. Andechs 1978
Meingast, Fritz. Marienwallfahrten in Bayern und Österreich. München 1979
Morsbach, Peter/Spitta, Wilkin: Wallfahrtskirchen in der Oberpfalz. Regensburg 2005

Motyka, Gustl: Wallfahrtskirche Mariaort. Mainburg[3] 1989
Murr, Ulrich (Hrsg.): Neukirchner Bilderbogen, H 1. Neukirchen 1977
Muth, Hanswernfried: Volkach am Main: St. Bartholomäus/Maria im Weingarten. München/Zürich[2] 1981
Nesner, Hans-Jörg: Ettal, in: Pfister/Ramisch: a.a.O.
Oeller, Fritz/Steiner, Peter: St. Maria-Thalkirchen. München/Zürich 1973
Pfennigmann, Josef: Kleine Chronik von Altötting, in: Wagner, Margit und Fink, Alois (Hrsg.): Wallfahrten heute. München 1960
Pfister, Peter: Birkenstein, in: Pfister/Ramisch: a.a.O.
Pfister, Peter/Ramisch, Hans (Hrsg.): Marienwallfahrten im Erzbistum München und Freising. Regensburg 1988
Popp, Hans: Mariahilf in Speiden. Zur 3. Jahrhundertfeier der Wallfahrt. Zell 1936
Rattelmüller, Paul Ernst: Die Wallfahrt zur Schwarzen Muttergottes in Altötting, in: Charivari, 5/1989
Renner, Carl Oskar: Bettbrunn, in: Fink, Alois: a.a.O.
Reuther, Hans/Gramer, Kurt: Wallfahrtskirche Gößweinstein. München/Zürich 1988
Rosenegger, Josef/Bartl, Edith: Wallfahrten im Bayerischen Oberland. Freilassing 1977
dies.: Wallfahrten in und um München. Freilassing 1980
Schmid, Marianus: Kirchwald. Rosenheim[3] 1988
Schneider, Ernst: Wallfahrtskirche Hessenthal. München/Zürich[11] 1988
Schnell, Hugo: Maria Eich. München/Zürich[8] 1974
ders.: Die Wies. München/Zürich 1979
ders.: Die Wies. München/Zürich[21] 1981
ders.: Maria Steinbach: München/Zürich[6] 1982
ders.: Wallfahrtskirche Dettelbach. München/Zürich[6] 1987
ders.: Das Käppele/Würzburg. München/Zürich[13] 1988
Schnell, Hugo/Bachmeier, P. Stephan: Marienweiher. München/Zürich[3] 1978
Schnell, Hugo/Fischer, German: St. Leonhard Inchenhofen. München/Zürich[7] 1977
Schnell, Hugo/Hartig, Michael: Wallfahrtskirche Vilgertshofen. München/Zürich[9] 1989
Schütz, Bernhard: Maria Birnbaum. München/Zürich[8] 1986
Sperber, Helmut: Unsere Liebe Frau. 800 Jahre Madonnenbild und Marienverehrung zwischen Lech und Salzach. Regensburg 1980
Steiner, Peter: Altmünchner Gnadenstätten. Wallfahrt und Volksfrömmigkeit im kurfürstlichen München. München 1971
ders.: St. Maria Thalkirchen – München. München/Zürich 1973
Strauß, Heidemarie und Peter E: Heilige Quellen zwischen Donau, Lech und Salzach. München 1987
Sturm, Erwin: Kloster Kreuzberg/Rhön. München/Zürich[2] 1983
Sulzbach-Rosenberg, Kath. Pfarramt St. Marien (Hrsg.): St. Anna in Sulzbach-Rosenberg. Amberg 1984

Utz, Hans J./Tyroller, Karl: Wallfahrten im Bistum Regensburg. München[2] 1989

Zimmer Ephrem/ Ortwein, Berchmans: Wallfahrtskirche Fährbrück. Regensburg 1996

Impressum

Etwa 250 Votivkerzen beherbergt das Wachsgewölbe in der Heiligen Kapelle des Kolster Andechs.

Unser komplettes Programm:
www.j-berg-verlag.de

Produktmanagement: Simone Calcagnotto
Textredaktion: Margit Brand, München
Satz/Layout: Regina Bocek,
Christian Weiß, München
Repro: Scanner Service S.r.l.
Umschlaggestaltung: Heinz Kraxenberger unter Verwendung eines Fotos von Wilfried Bahnmüller
Kartografie: Achim Norweg, München
Herstellung: Thomas Fischer
Printed in Italy by Printer Trento

Alle Angaben dieses Werkes wurden vom Autor sorgfältig recherchiert und auf den aktuellen Stand gebracht sowie vom Verlag geprüft. Für die Richtigkeit der Angaben kann jedoch keine Haftung übernommen werden. Für Hinweise und Anregungen sind wir jederzeit dankbar. Bitte richten Sie diese an: J. Berg Verlag Postfach 80 02 40, D-81602 München
E-Mail: lektorat@j-berg-verlag.de

Bildnachweis: Alle Bilder auf dem Umschlag und im Innenteil stammen von Wilfried und Lisa Bahnmüller.
Umschlagsvorderseite: Großes Bild: Klosterkirche Andechs, Einklinker: Wallfahrer auf dem Weg zum Kreuzberg in der Rhön
Umschlagsrückseite: Klosterkirche Ettal

Ein Titeldatensatz für diese Publikation ist bei Der Deutschen Bibliothek erhältlich.

Bearbeitete und veränderte Neuausgabe 2007 © 2006 J. Berg Verlag in der C.J. Bucher Verlag GmbH, München
ISBN 978-3-7658-4152-1

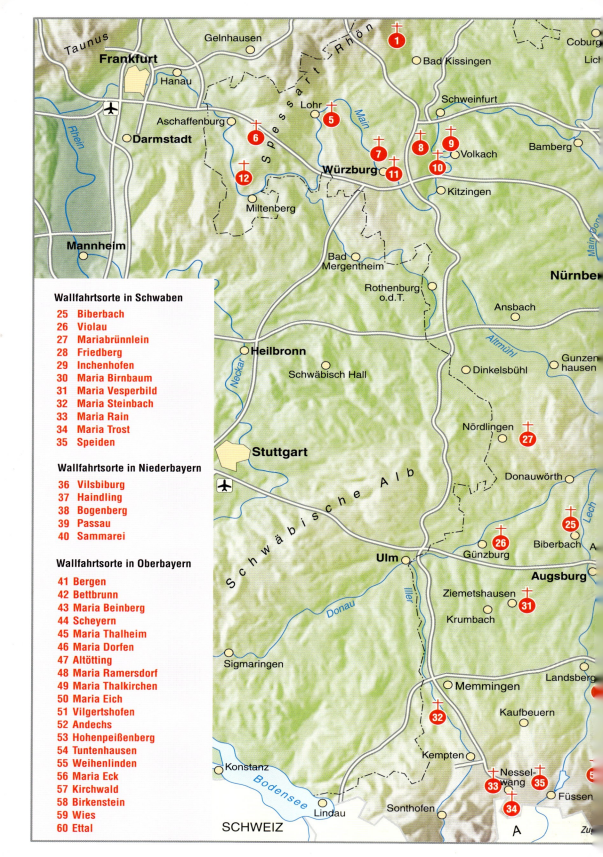